亲告罪原论

——以刑事一体化为视角

QINGAOZUI YUANLUN
YIXINGSHIYITIHUA WEI SHIJIAO

罗欣 著

中国检察出版社

图书在版编目（CIP）数据

亲告罪原论：以刑事一体化为视角 / 罗欣著. —北京：中国检察出版社，2009.5

ISBN 978-7-5102-0086-1

Ⅰ. 亲… Ⅱ. 罗… Ⅲ. 刑事犯罪—研究 Ⅳ. D914.04

中国版本图书馆 CIP 数据核字（2009）第 076795 号

亲告罪原论

——以刑事一体化为视角

罗 欣 著

出 版 人：袁其国
出版发行：中国检察出版社
社 址：北京市石景山区鲁谷西路 5 号（100040）
网 址：中国检察出版社（www.zgjccbs.com）
电子邮箱：zgjccbs@vip.sina.com
电 话：（010）68630384（编辑） 68650015（发行） 68636518（门市）
经 销：新华书店
印 刷：保定市中画美凯印刷有限公司
开 本：A5
印 张：6.5 印张 插页 4
字 数：177 千字
版 次：2008 年 5 月第一版 2008 年 5 月第一次印刷
书 号：ISBN 978-7-5102-0086-1
定 价：22.00 元

Abstract

There are five accusations about the crime handled only upon complaint prescribed in the penal code of China, which only relate to four items. But the legislation content doesn't match the important status of the crime handled only upon complaint. The reason why the legislation lags behind attributes to the weak research of the theory.

Crime handled only with complaint, in contrast to crime handled even without complaint, is classified according to prosecution condition in criminal law of continental law system. What's the base of unattached existence as crime for the crime handled only upon complaint? Why there are many accusations about the crime handled only upon complaint in the western countries, but a few in our country? Whether extending the legislation scope of the crime handled only upon complaint retaliate upon the doubt that the modern criminal law is "no human "? Could the crime handled only upon complaint become the traditional means of decriminalization when the criminal situation tend towards polarization? The crime handled only upon complaint hands the power to prosecute the misdemeanors which only infringe on the individual advantage to the individual person, which means settling this kind of criminal dispute may adopt the other manners except penality, but on earth what we need is the model of absolute private relief which excludes the authority of state, or the coordinating body, or substitute measures of penalty, which depends on the innovation of the settling dispute mechanism.

In the recently ten years criminal domain raises restorative justice and the victim-offender mediation movement, is for the purpose of the artificial center by the dispute to carry on the system to transform, take will the crime handled only upon complaint is advantageous for soon the slight crime as the research angle of view to return to original state to the criminal dispute level, will enable the dispute processing to reply also already the social relations which will destroy, will satisfy restores the just idea the need. Rectified in the modern criminal activity judicature to neglect is as for has covered the victim right flaw, realized the litigant is the victim right return specially. Thus in gives dual attention to the individual value and under the public value criminal judicature background, to the crime handled only upon complaint the legislation and the present situation research has the significant theory value and the practice significance. The crime handled only upon complaint belongs to the criminal law reasonable argument in the final analysis the question, involves the criminal law the foundation, penalty question and so on idea, criminal law system reform, criminal legislation, in which involves the very many main bodies punishment legal science the academic question, far from myself study the horizontal institute. As some scholar holds that the science of criminal law should be made up of three subsystems: the philosophic theory on criminal law, the theory on the legislation of criminal law and the theory on the administration of criminal law. Unless based upon the three related and different subsystems, the science of criminal law will not be critical in nature, and the way can not be paved for its further development.

Therefore, my attempt from theory of the crime handled only upon complaint makes a main introduction. The preliminary establishment the crime handled only upon complaint the research theory system and the frame. This article involves the criminal law the foundation, the penalty idea, the criminal law system reform bodies punishment legal science academic question, and revolves the source question, the crime which the crime handled only upon complaint to discuss the question, the judicial reform question, the theory of value question, the system discusses the question and so on five big aspects to elaborate, advanced the scholarly research deepening which the crime handled only upon complaint.

In this article, I apply many methodologies on the respective of jurisprudence, positive law, comparative law and history. Then, with the demonstration about correlative content of the crime handled only upon complaint system, I establish the crime handled only with complaint system theory macroscopically. In order to outline the theoretical system and investigate frame of the crime handled only upon complaint, I try to set forth thereinafter around the five aspects:

Firstly, to study the root of the crime handled only upon complaint, the criminal dispute, mostly probing into the origin, the development and the means how to settle. First, make sure the crime and the right infringement concept, grasp to civil and the criminal case the minute. Next, in the criminal dispute solution model, the different dispute which the discussion different time society adopts solves the pattern. Elaborated with emphasis in the criminal law rules and regulations behavior has quite part of direct formidable sponsors is victim (namely citizen individual), how but has nothing to do with national or the social overall benefit should process; The crime handled only upon complaint system is one of ways to realize the right of victims. From the respective of jurisprudence and law, the victims gain many special provisions that are difference with the provisions in common civil action. But, with prerequisites of the principle of autonomy of the will, private interests have an inherent protection to resist public power. So we must make a definition and limitation in the scope of the power of public, prosecution of prosecutorial organization to avoid the over interference which would destroy the order of the private right sphere and lead to an unnecessary over correcting. In one word, it must be limited to giving public power permission to interfere into the sphere of private law properly.

Secondly, to discuss the different models of how to settle the criminal dispute in different eras and societies, primarily setting forth how to deal with this situation where quite a bit direct interested parties in the acts restricted by criminal law are victims themselves. Three probe into the proper orientation of the victim's indictment in the system of the criminal theory, there into probing into the relation between the victim's indictment in the crime handled only upon complaint and the preclusion of the punishment is the key. The crime handled only upon complaint is by the victim requested for sues the important document the crime. If accusation the victim treats as merely the lawsuit anti-actually matter, then is unable to reply accusation in the situation in the victim giving up which or withdraws tells, whether crime is also tenable? If crime establishment then leaves free the personal judicature, and so on . Therefore, the crime handled only upon complaint of the victim to accuse with may punish the natural defensive matter the relations is the discussion key point actually. And attempted to reply to thought awarded the victim to consider the right of suit to break officially (investigates crime) the principle three reasons viewpoints question. Proposed the crime handled only upon complaint in the nature is to individual law profit violation crime, has demand which the special restoration compensates, investigates with the criminal judicature has the cognition the difference; because the more slight of its crime, the less harm to the country and the socicty, based on the sovereignty in the people and the right protection thought, lets the victim enjoy the complete prosecution decision—making power in the case, positively seeks the solution injury the way, compares in the national involvement intervention, will be more advantageous to the dispute solution, and will be more advantageous the justice which will obtain in the victim anticipated. Second, distinguishes the victim to accuse with the victim pledged, the victim forgiveness, the crime handled only upon complaint of the victim to accuse regards as generalized on to be possible to punish the natural defensive matter, but will punish the defensive matter will be actually (criminal activity) the policy reason was acknowledged from some kind, but different social or the identical social different time will be able to have the different request to the criminal policy, therefore, the discussion might punish the nature outside the traditional the system of criminal composition, then both will not conflict with the crime constitution theory, and will conform to the national criminal activity policy development need.

Thirdly, to discuss why the theory and thc practice of the criminal compromise should be the first choice for the crime handled only upon complaint, at the same time, put forward how to adequately protect the victim's benefits, and maximization achieve the balance in the victim's advantage, the crime advantage, and the public advantage. So, on this historical background, the intension of non-penalty gains a fairly rapid improvement. Today, the more and more criminal law scholar believed that, the true significance criminal law, is maintaining and safeguarding the individual freedom as the starting point common law, and taking limits the national penalty power starting as own duty modern law. National public authority to belongs to the personal right the involvement to have to be moderate right amount, the criminal law at any time all not suitably take sacrifices citizen's individual freedom as a price, is flaunting during the maintenance social order banner excessively many involvements society main body life. We believed that, the introduction criminal activity reconciliation theory and the recoverable judicial pattern, took to the crime handled only upon complaint and so on the criminal dispute non-penalty processing method, since offender no longer repels for the society, also may enable the victim to obtain the more compensating, complied with under the government by law background protects the victim benefit the thought tidal current. The crime handled only upon complaint only encroaches individual rights and interests slight criminal offense the power to prosecute to return for individual, means that the criminal dispute the solution may adopt outside the penalty the way, actually but needs to remove completely the state power in outside absolutely the private strength relief pattern, needs the community the synchronizing gear, as well as substitution penalty method being suitable, cannot leave the dispute to solve the mechanism transformation.

Fourthly, to discuss the axiology of the crime handled only upon complaint, which includes liberty, limiting criminal, and the mild criminal policy. It is believed that limitation of criminal law is a foundmental requirement to legal (law-abiding) state. Proposed introduces in the criminal law the crime handled only upon complaint the system, on the one hand has satisfied the national judicature resources scarce request, on the other hand also has satisfied the victim to the efficiency value goal pursue, thus by the least manpower, the physical resource and the financial resource, comes the greatest degree in the shortest time to satisfy the people and the society to the justice, the freedom and the order demand. And proposed the crime handled only upon complaint uniquely has "light" the criminal policy value, and carries on the system design for it. The legislation existence of the crime handled only upon complaint, "decriminalization in fact " has provided the natural soil for the judicial practice. Because the crime handled only upon complaint enters the criminal activity judicial process by the victim whether tells for the important document, but the victim accusation the wish to be decided by some synchronizing gear measures is whether powerful, the community judicature condition whether consummates, and so on. Legislates cannot under the massive misdemeanour decriminalization condition, the expansion the crime handled only upon complaint the scope is to obviously the non-crime transition best way.

Fifthly, to study the legislative design, mostly narrating the foreign legislative content and technique of the crime handled only upon complaint, for example, making a comparative comment on the accusation, classification, system of prosecution and power to prosecute, and on this base, bring forward the legislative design. And promote the development of the theoretical investigation of the crime handled only upon complaint. We must admit the system of crime handled only upon complaint has been used in nearly all over the world. And the system of crime handled only upon complaint can protect public interests in our country, which are practical and feasible. Our legislation should extend the range of this kind of crime in reasonable extent. And it is necessary to draw the legislation results from other countries. So, as a new system, especially as a system that eliminates an intervention of public power to the private interests, it will cause many objections inevitably because of its difference to traditional criminal theory.

中 文 摘 要

刑法规定告诉才处理的犯罪即亲告罪，但是我国亲告罪立法仅有《刑法》总则第98条和《刑法》分则四个条文五个罪名，其立法内容之单薄、形式之简约与亲告罪的重要地位远不相符。而立法的滞后与理论研究的薄弱息息相关。亲告罪属于法定的犯罪二元分类之一种，其作为犯罪独立存在的依据究竟是什么，何以在工业文明发达的西方国家设置较多而我国立法寥寥，扩大亲告罪的立法范围是否可以还击“渺无人迹的现代刑法”的质疑，在犯罪态势呈两极分化的今天，亲告罪可以成为向非犯罪化的过渡手段吗？亲告罪把仅侵犯个人权益的轻微刑事犯罪的追诉权交还给个人，意味着这种刑事纷争的解决可以采取刑罚之外的方式，但是究竟需要把国家权力完全排除在外的绝对私力救济模式，还是需要国家或是社区中间者的协调机构，以及替代刑罚手段的适用，都离不开纷争解决机制的变革。有学者指出，只有在理论刑法学、立法刑法学和司法刑法学三个既相区别又相联系的子系统的基础上建构刑法学体系，才能使刑法学具有批判意识和理性精神，才能为刑法学的发展开辟道路。因此，本文力图从理论、立法、司法层面建立亲告罪研究的理论体系和框架并且围绕亲告罪的本原问题、犯罪论问题、司法改革问题、价值论问题、制度论问题五大方面阐述。本文运用法理分析法、实证分析法、比较分析法以及历史分析法，通过对构建亲告罪制度相关内容的论述，从理论上较为宏观地确立了亲告罪研究的理论体系。

晚近十年刑事领域掀起恢复司法或是刑事和解运动，旨在以纷争的当事人为中心进行制度变革，以亲告罪为研究视角便于将轻微犯罪还原到刑事纷争的层次，使纠纷的处理能恢复业已破坏的社会关系，满足恢复正义理念的需要，矫正现代刑事司法中忽略乃至于掩盖了被害人权利的缺陷，实现当事人特别是被害人权利的回归。因而在兼顾个人价值和公共价值的刑事司法背景之下，对亲告罪的立法与现状研究具有重大理论价值与实践意义。

因此，本文试图围绕以下五个方面阐述，大体勾勒出亲告罪研究的理论体系和研究框架：

第一，亲告罪的本体论问题——刑事纷争。探讨亲告罪的问题即刑事纷争的起源、发展及解决方式。首先，厘清犯罪与侵权概念，把握民事与刑事案件的界分。其次，在刑事纷争的解决范式上，探讨不同时期社会所采取的不同纷争解决模式。重点阐述了刑法所规制的行为中有相当一部分直接利害关系人是被害人本人（即公民个人），而与国家或社会整体利益无关应如何处理；引入刑事纷争这一概念，可以更好地说明刑民交叉领域，发生在公民之间的轻微刑事冲突及其解决。这类犯罪的纷争本身存在于犯罪人与被害人之间，而不是犯罪者与国家之间。将犯罪概念的原貌还原，即将侵害个人法益的犯罪还原到刑事纷争的层次，不仅区别于公民具有完全处分权的民事纠纷，更是可以由此突出被害人在刑事事件中的地位及其处分权能，符合当前保护被害人权益运动的发展趋势。亲告罪制度作为被害人权益实现的方式之一，从法理和法律上获得了区别于普通民事诉讼的特别地位。然而，个人法益本身固有相对于公权力的天然屏障，使得我们需要对检察机关公诉权的范围进行一个合理的界定与限制，从而避免过度地干预扰乱私权领域的自身调节秩序。

第二，亲告罪的犯罪论问题——可罚性。探讨被害人的告诉在犯罪论体系中的正确定位。其中，亲告罪中的被害人告诉与可罚性阻却事由的关系是探讨的重点；亲告罪是以被害人请求为起诉要件的犯罪。如果将被害人的告诉仅仅当做诉讼阻却事由，则无法回答在被害人放弃告诉或撤回告诉的情况下，其犯罪还是否成立？如果犯罪成立而任由私人司法，其依据何在？等等。因此，亲告罪中的被害人告诉与可罚性阻却事由的关系是本文探讨的重点。并试图回答对认为授予被害人告诉权来打破官方（追诉犯罪）原则的三个理由的观点的质疑。首先提出亲告罪在性质上是对个人法益的侵害的犯罪，具有特别的恢复补偿的诉求，与刑事司法追诉具有认知的差异；其次因其犯罪情节轻微，对国家和社会危害也较小，基于主权在民和权利保护的思想，让被害人在案件中享有完全的起诉决定权，有利于鼓励当事人积极寻求解决方式，相较于国家的介入干预，将更有利于纷争的解决，更有利于被害人获得所期待的正义。应区别被害人告诉与被害人承诺、被害人宽恕（谅解），将亲告罪中的被害人告诉视为广义上的可罚性阻却事由，而处罚阻却事由是从某种（刑事）政策的理由被承认，而不同社会或者同一社会不同时期都会对刑事政策有不同的要求。因此，在传统的犯罪成立要件体系之外探讨可罚性，则既不与犯罪构成理论相冲突，又符合国家刑事政策的发展需要。

第三，亲告罪的司法改革问题——刑事和解。探讨在替代刑罚思想改革的趋势下，为何刑事和解理论与实践应是亲告罪等轻微犯罪的首选，同时提出了如何充分保护被害人利益，在被害人利益与犯罪人利益及公共利益之间最大限度地实现三者平衡。今天，越来越多的刑法学者认为，真正意义上的刑法，是以维护和保障个人自由为出发点的习惯法，是以限制国家刑罚权的发动为己任的现代法。国家公权力对属于私人权利的介入必须适度适量，刑法在任何时候都不宜以牺牲公民的个人自由为代价，打着维护社会秩序的旗号过多介入社会主体生活之中。我们认为，引进刑事和解理论与恢复性司法模式，作为对亲告罪等刑事纷争的非刑罚的处理方法，既可以使犯罪人不再为社会所排斥，又可以使被害人得到最大限度的补偿，顺应法治背景下保护被害人利益的思想潮流。亲告罪把仅侵犯个人权益的轻微刑事犯罪的追诉权交还给个人，意味着这种刑事纷争的解决可以采取刑罚之外的方式。

第四，亲告罪的价值论问题——自由、谦抑。首先是实现自由法理价值。其次是体现刑法的谦抑性价值。最后重点探讨亲告罪如何体现"轻轻"刑事政策价值。其中，谦抑性刑法是法治社会的基本要求。本文提出在刑事法律中引入亲告罪制度，一方面满足了国家司法资源的稀缺性要求，另一方面也满足了被害人对效率价值目标的追求，从而以最少的人力、物力和财力，在最短的时间内最大限度地满足人们及社会对正义、自由、秩序的需求。最后提出亲告罪具有独特的“轻轻”刑事政策价值，并为之进行制度设计。亲告罪的立法存在，为司法实践中“事实上的非犯罪化”提供了天然土壤。由于亲告罪是否进入刑事司法程序以被害人是否告诉为要件，而被害人的告诉意愿又取决于一些协调机构的措施是否有力、社区司法条件是否完善，等等。立法上在不能将大量轻微犯罪除罪化的条件下，扩大亲告罪范围显然是向非犯罪化过渡的最好路径。

第五，亲告罪的制度论问题——立法设计。主要是对国外亲告罪立法内容与立法技术概况的介绍，例如对亲告罪的罪名与种类、亲告罪的追诉机制、亲告罪的诉权与告诉权人作一比较评析。在此基础上，提出亲告罪的立法上的大体设计，推进了亲告罪的学术研究向实践的转化深化。亲告罪制度已在世界范围内得到了较为普遍的承认与应用。亲告罪制度对于保障国家利益和社会公益，具有现实性和可行性。我国应扩大亲告罪的范围，以符合法治社会的要求。虽然，亲告罪制度作为一项新的制度，尤其是一项涉及排除或限制公权力对私法益进行干预的制度，在构建过程中，必然因其固有的制度风险而存在着相关的反对意见。

目 录

绪 论

刑法之用，系以犯罪发生为始，回复法和平为终，而谋求两点间最短之距离。

每个人都是自己利益的最佳法官。——（英）吉米·边沁

——引言

刑事纷争，国内也有学者称为刑事纠纷、刑事冲突、刑事事件。本意是初民社会人与人之间涉及生命、财产安全的重大纷争。这种社会纷争的解决最初是以某个个体（非国家形态）的基于单方公平正义意识所采取的暴力或报复等形态的冲突方式压制对方来解决，在这种“一切人反对一切人的战争”中，每个人都是或都将是受害者。但在国家产生之初，由于国家根基不稳，还没有形成强而有力的权力中心，国家机器也还欠发达，对刑事纷争的解决具有私法的特性，也就是将我们今天称之为犯罪的刑事纷争视做是对被害人的损害；当时，审判制度不是解决纷争的唯一途径，当事人之间亦可以采用合意的方式解决纷争，例如赔偿的给付或是决斗的模式，私力救济几乎是当时最主要的纷争解决模式；并且，刑罚制度的存在，主要也是为了恢复族群的和平与安全，即使是伤害以及杀人也可以利用金钱赔偿解决，被害者及其家属的需求成为当时刑罚制度的考虑重心。但是，这种制度下人的价值变成可以以金钱来衡量，有钱人可以利用金钱换取他人的生命，相对的，无资产之人若侵害他人，则会被执行残酷的刑罚。

当强大的、秩序井然的国家机器建立起来时，所有国家无一例外地都是社会权利的垄断者，其首要行为都是要禁止人民实施私力救济。法律尤其是刑法，便成为冲突解决的替代措施，纷争冲突都要在法律公正面前受到考量，私人权益和社会正义都将在公力救济下得到保护和伸张。随着国家机器渗透到人民生活的各个领域，由公领域到

私领域，私人间的纷争不再由私力自治，无论是私人对纷争解决的主导权、决定权以及进行权，都由国家的力量来控制，个人的意志无形间已经被国家所取代。在国家掌握了对犯罪独断的处理权之后，就将个体与个体之间的这种刑事纷争抽象化为犯罪，然而犯罪本身存在于犯罪人与被害人之间，而不是犯罪者与国家之间，为还原犯罪概念的原貌，即将侵害个人法益的犯罪还原到刑事纷争的层次，更为区别于公民具有完全处分权的民事纠纷，本文使用刑事纷争这一概念，来阐明发生在公民与公民之间的刑事冲突或轻微犯罪，亲告罪自然成为最好的研究视角。

在刑事纷争的当事人自治问题上，国内学者从刑事诉讼程序角度研究得较为深入，以至于“告诉乃论”案件作为刑事自诉案件的一种，关注点几乎全集中在程序问题的合理化设计上，为诉讼法所淹没。翻开任何一本刑法教科书，至多可以在犯罪类型章节中找到犯罪可以分为亲告罪与非亲告罪的简单表述，而作为犯罪的一种重要分类，亲告罪独立存在的依据究竟是什么，何以在工业文明发达的西方国家设置较多而我国寥寥，亲告罪的广泛设置是否可以还击“渺无人迹的现代刑法”的质疑，在犯罪态势呈两极分化的今天，亲告罪可以成为非犯罪化的过渡手段吗？等等。都是本文要探讨的问题。

然而，亲告罪归根结底属于刑法通论的问题，涉及刑法的根基、刑罚理念、刑法制度的改革、刑事立法等问题，其中涉及很多本体刑法学的理论问题，远非本人研究水平所及。因此，本人试图从亲告罪的本原问题——刑事纷争，亲告罪的犯罪论问题——可罚性，亲告罪的司法改革问题——刑事和解，亲告罪的价值论问题——刑法的谦抑性，亲告罪的制度论问题——立法设计五大方面阐述，也许还称不上建立亲告罪的理论体系，但至少可以加深对这一问题的认识，推进对亲告罪学术研究的深化。以下就本文各章节涉及的主要内容作一扼要介绍。

亲告罪的本体论问题即刑事纷争的起源、发展及解决方式。首先厘清初民社会刑事纷争中的犯罪与侵权。在侵权的概念逐步从刑事纷争剥离的演变过程中，原来的刑事纷争被冠以犯罪的名称。但是，犯罪的定义在今天仍然是众说纷纭。笔者认为，由于犯罪的实质概念具有模糊性，从司法实践的角度看，犯罪的形式概念更利于执法的统一，真正实现公平正义。现代社会人权意识日浓，公民的权利更加受到强调和重视。因而从某种意义上讲，英美法系对犯罪概念的把握及对民事与刑事案件的界分，更利于公民权利的维护。因而，从形式意义上理解犯罪，更接近于刑事纷争的原貌。英美法系学者试图从诉讼形式上区别刑事与民事案件，可以弥补犯罪实质概念模糊性之不足。在刑罚制度的发展史中，为了巩固业已建立的国家秩序，相当一部分介乎侵权和犯罪之间，并且主要是对公民权利的侵犯的纷争，即可以称之为刑事纷争的轻微犯罪，因被认为是对社会安全和国家福祉的违反，而纳入国家立法并由公权力制约的公罪范畴。刑事纷争的概念建立在将刑事案件作不同于一般法律式的定义基础之上。引入刑事纷争这一概念，正是为了更好地说明刑民交叉领域，发生在公民之间的轻微刑事冲突。这类犯罪的纷争本身存在于犯罪人与被害人之间，而不是犯罪者与国家之间。将犯罪概念的原貌还原，即将侵害个人法益的犯罪还原到刑事纷争的层次，不仅区别于公民具有完全处分权的民事纠纷，更是可以由此突出被害人在刑事事件中的地位及其处分权能，符合当前保护被害人权益运动的发展趋势。

在刑事纷争的解决范式上，不同时期的人类生活，为适应不同的社会与组织形态，对于纷争解决所采取的模式也未尽相同。因为国家组织形态的出现，才将纷争区分为公法、私法等不同领域，对于私法部分，国家留给人民自己处理，公法部分，则由国家独揽权限，刑事纷争自此才开始被定义成为犯罪。事实上，犯罪不仅仅是犯罪人和国家之间的对抗，在有被害人的案件中更主要的是犯罪人与被害人之间的侵权关系，刑法也不仅仅是规范犯罪人与国家关系的，而是首先要解决被害人遭侵权后的报复和赔偿问题的。因此，解决纷争也就是对受害的被害人作积极的赔偿，以及对于社区受到的损伤作修复。社会学家杜尔克姆曾认为“机械形态社会”（即农业社会）的法律主要是刑法或强制法，而“有机形态社会”（即商品经济社会）的法律主要是赔偿法或合作法，而赔偿法的着眼点是用赔偿或归还等方式处理当事人之间的利益冲突。亲告罪立法与被害人意思自治和司法经济宗旨相呼应，在进入 20 世纪的西方社会，在刑事领域中兴起了一连串以纷争的当事人为主要考虑的制度变革，一些以社区为主体的纷争解决方式的出现，使得国家追诉不再是解决纷争的唯一方法，也反映出将解决纷争的权利归还当事人的理念宗旨。

亲告罪的犯罪论问题，关系被害人的告诉在犯罪论体系中的正确定位。亲告罪是以被害人请求为起诉要件的犯罪。这里被害人的告诉与否直接关涉被告人犯罪的成立与刑事责任的承担，关涉违法阻却事由、处罚阻却事由。犯罪行为发生后，因被害人与犯罪人达成和解等原因没有告诉，即被害人对犯罪行为进行宽恕（事后同意）或广义上的承诺。就世界各国刑法学者的共识看来，被害人承诺为阻却违法性，必须具备以下要件：(1) 对可处分的法益的承诺。被害人承诺侵害的法益只能是本人有权支配和自由处分的法益，即承诺人必须是法益的所有人，例如，对伤害罪、财产罪以及侵害个人人格权、名誉权、隐私权等属于个人法益的犯罪。因此，对于国家或社会法益的犯罪，不能由承诺阻却违法性。(2) 承诺的有效性需具备时间条件，承诺必须存在于行为前或行为时。即承诺必须是现实的，不能附加条件或预定时间。笔者认为，广义上的被害人承诺包括事后同意、被害人宽恕，而这些都是亲告罪中被害人不告诉的起源，显然，被害人的不告诉只能属于事后的承诺，不属于狭义上的被害人承诺，因而不能成为阻却违法性事由。

在被害人告诉与可罚性问题上，刑法理论界对可罚性阻却事由事实存在并能阻却刑罚的适用一般不存在争论，但对可罚性的地位和性质往往意见相左。其主要分歧在于可罚性究竟属于构成要件体系范畴还是在构成要件体系范畴之外，如果“作为体系范畴的可罚性”，则不包括被害人告诉等“诉追可能性”要素；如果在传统的犯罪成立要件体系之外探讨可罚性，则应与被害人告诉等刑罚处罚阻却事由相关联。我们认为，将可罚性概念纳入犯罪成立要件，在区分罪与非罪等问题上，固然一劳永逸，但既然处罚条件或处罚阻却事由是从某种（刑事）政策的理由被承认的，那么不同社会或者同一社会不同时期都会对刑事政策有不同的要求，如果要在犯罪论中充分考虑刑事政策的要求，这样，犯罪成立要件将变得弹性而灵活，显然背离法的稳定性和确定性等本质特征。如果将被害人的告诉仅仅当做诉讼阻却事由，则无法回答在被害人放弃告诉或撤回告诉的情况下，其犯罪还成立与否？如果犯罪成立则又任由私人司法，其依据何在？等等。因此，亲告罪中的被害人告诉，应视为广义上的可罚性阻却事由，可以在立法上明确规定，既不与犯罪构成理论相冲突，又符合国家刑事政策的发展需要。

亲告罪是非刑罚化处理纷争的最佳对象。刑罚制度自产生以来，一直被国家当做维护社会秩序必不可少的社会控制手段，人们对司法实践中对罪犯适用残酷的刑罚习以为常。犯罪和刑罚观念在社会上根深蒂固。刑罚的正当性思考被掩盖起来，但在 18 世纪的欧洲，终于有了一位开明君主的质问的声音："既然我们不知道为什么要惩罚，（还）可以动用刑罚吗?"

到今天，越来越多的刑法学者认为，真正意义上的刑法，是以维护和保障个人自由为出发点的习惯法，是以限制国家刑罚权的发动为己任的现代法。国家公权力对属于私人权利的介入必须适度适量，刑法在任何时候都不宜以牺牲公民的个人自由为代价，打着维护社会秩序的旗号过多介入社会主体生活之中。亲告罪把仅侵犯个人权益的轻微刑事犯罪的追诉权交还给个人，意味着这种刑事纷争的解决可以采取刑罚之外的方式，但是究竟是需要把国家权力完全排除在外的绝对私力救济模式，还是需要国家或是社区中间者的协调机构，以及替代刑罚手段的适用，都离不开纷争解决机制的变革。

晚近十年刑事领域掀起恢复司法或是刑事和解运动，旨在以纷争的当事人为中心进行制度变革，即将轻微犯罪还原到刑事纷争的层次，使纠纷的处理能恢复业已破坏的社会关系，满足修复正义理念的需要，从而矫正现代刑事司法中忽略乃至于掩盖了被害人权利的缺陷，实现当事人特别是被害人权利的回归。如果我们把刑罚只是当做一种社会控制的手段，一种社会治安综合治理的措施，因而刑罚不是不可替代的，探寻刑罚的替代方法也应该进入刑法学家的研究视野。

因此，在替代刑罚思想改革的趋势下，刑事和解理论与实践应是亲告罪等轻微犯罪的首选。所谓刑事和解（victim-offender mediation)，指犯罪发生后，由专业法律人员主持的被害人与犯罪人之间当面磋商，谋求刑事纷争解决方案的过程。刑事和解作为一种刑事处理方式，自 20 世纪 70 年代兴起以来，已得到国际社会的普遍认可，并成为当今世界刑事司法改革的一种潮流。但是，刑事和解理论在国外勃兴是以西方社会多元化的价值观念为背景的，我国具有国家本位主义的司法传统，与刑事和解理论中个人本位主义价值观的存在相对立；并且，在传统的刑事自诉案件纠纷解决机制中尚存在犯罪人一方通过威胁、引诱、说情等方式谋求被害人撤回控诉或作伪证的现象，而刑事和解一旦让被害人拥有决定犯罪人命运的权利，犯罪人及其社会关系网络对被害人潜在的危险也就随之增大。因此，如何充分保护被害人利益，在被害人利益与犯罪人利益及公共利益中最大限度地实现三者平衡乃是当前我国刑事法治建设的一大课题。

亲告罪的刑法价值最能体现法治社会对刑法的内在要求。首先是实现自由法理价值。刑法是国家公权力不断扩张的结果。在某种程度上，刑罚的宽和或是严厉，与国家的民主或是专制有一定关系。刑法作为强行法，其调控范围虽在本质上是维护和扩大自由，但都是以不得不限制某些自由为代价的。因此，在确立刑法的调控范围时，应尽最大限度地给社会和个人留出自由空间，以保证社会主体的积极性、创造力、想象力的发挥，促进个人和社会的发展与进步。实际上，正如美国学者博登海默所言："使用强制性制裁的需要愈少，法律就愈能更好地实现其巩固社会和平与和谐的目的。"其次是体现刑法的谦抑性价值。从某种程度上讲，亲告罪无论在立法上还是在司法上都最能体现刑法的谦抑性。在立法层面上，亲告罪主要体现在刑法的谦抑性之紧缩性或补充性观念。在司法层面上，亲告罪主要体现刑法谦抑性之经济观念。从国家的层面来看，国家的司法资源具有有限性，而犯罪是不可杜绝的社会现象。这就要求对用于追诉和惩罚犯罪的司法资源进行合理有效的配置，要求以最小的司法成本或司法投入获取最大的社会效益。在刑事法律中引入亲告罪制度，一方面满足了国家司法资源的稀缺性要求，另一方面也满足了被害人对效率价值目标的追求，从而以最少的人力、物力和财力，在最短的时间内最大限度地满足人们及社会对正义、自由、秩序的需求。

亲告罪的刑事政策价值是探讨的重点。现代法治社会对国家刑罚权运作的基本限制，对亲告罪的非刑罚化也是“轻轻”刑事政策的应有之义。区分“轻轻”、“重重”刑事政策的价值在于缩减刑法正式干预的范围和强度，逐步实现“非刑罚化”。由此，将大量犯罪，特别是只侵犯个人法益的轻微犯罪规定为亲告罪，再辅之以替代刑罚措施的适用，缩减刑罚系统内部惩罚的范围或强度，达到“轻轻”的刑事政策效果。亲告罪的立法存在，为司法实践中“事实上的非犯罪化”提供了天然土壤。由于亲告罪是否进入刑事司法程序以被害人是否告诉为要件，而被害人的告诉意愿又取决于一些协调机构措施是否有力、社区司法条件是否完善，等等。在立法尚不能将大量轻微犯罪除罪化的条件下，扩大亲告罪范围显然是非犯罪化的最好路径。亲告罪虽然是犯罪行为，但可以通过“告诉乃论”的追诉要件，使未被告诉的行为人不致受到刑罚的制裁，同样达到非犯罪化的效果。

最后，在上述理论的分析基础之上，探讨了对亲告罪的制度架构。首先论亲告罪的立法比较。由于我国亲告罪立法仅有刑法总则一个条文与刑法分则四个条文共五个罪名，其立法内容之单薄、形式之简约与亲告罪的重要地位远不相符。因此亲告罪立法比较主要是对国外亲告罪立法内容与立法技术概况的介绍，例如对亲告罪的罪名与种类、亲告罪的追诉机制、亲告罪的诉权与告诉权人作一比较评析。并在此基础上，提出我国亲告罪的立法上的大体设计思路：亲告罪范围可以从侵害的法益种类、法定刑的长短、举证责任的难易几个方面划定：以侵害法益种类划分为侵害私法益亲告罪和侵害公法益亲告罪；以法定刑轻重为标准划分为轻罪亲告罪与重罪亲告罪；以举证难易程度划分为自诉亲告罪与公诉亲告罪。并从告诉权主体、告诉时效、首服（自首）等方面完善亲告罪告诉权；此外，并对在亲告罪中引入被害人补偿机制提出了几点建议。

第 1 章　亲告罪本体论

1.1　亲告罪溯源

1.1.1　初民社会刑事纷争

在人类社会有法律制度之前，并没有犯罪或是侵权的概念，也没有刑事或是民事的区分，对于社会成员之间涉及生命、财产安全的冲突纠纷都可以统称为社会纷争。以被害人为视角考察纷争的起源应溯至原始社会私力救济阶段，其中包括私人复仇和私人裁判两个时期。原始社会“以眼还眼、以牙还牙”的血仇制度是最早处理被害的方式，分为家族裁判和氏族裁判，相应地产生血亲复仇和血族复仇。血亲复仇是被害人的家族对加害人及其家族进行复仇，血族复仇是被害人所在的氏族集体向加害人的氏族进行复仇。① 但是，据史料记载，为了被害人与氏族的尊严及利益，被害人与氏族采取的复仇手段常常超越“以眼还眼、以牙还牙”的限制，对加害人及氏族进行大规模或氏族间的血仇报复。因此，人们为了维持生存的合理秩序相互之间订立了适合自己的规则和法令。根据这些规则，人们可以明晓对哪些行为应该对加害人施以惩罚，对哪些行为可以要求对被害人予以经济补偿，于是，法律制度开始萌芽，人们慢慢地有了“不法”的概念。正

①参见许永强：《刑事法治视野中的被害人》，中国检察出版社 2003 年版，第 24 页。

如古代法专家梅因断言，在法律学幼年时代，公民赖以保护使不受强暴或诈骗的，不是“犯罪法”而是“侵权行为法”。① 由于罗马法是公认的古代法文明鼎盛时期的代表，梅因对古代法的考证选择的主要对象是罗马帝国的法律制度。梅因认为，这一时期刑事纷争既包含“不法”也包含侵权，并在“不法”的意义上交叉使用犯罪与侵权概念。但是，人们开始意识到作为侵权的“不法”与作为犯罪的“不法”之间的不同，执法机关开始努力界分两者的差异。于是，雅典的原始刑法把犯罪的惩罚一部分委托给“执政官”（作为侵权行为而加以处罚），一部分委托给“阿勒乌柏果斯元老院”，（作为罪过而加以处罚）。当时，确定一种侵权行为或不法行为的标准是：被认为受到损害的是被损害的个人而不是“国家”。梅因把这个过程称为把“不法行为”改变为“犯罪”的过程。“所有文明制度都一致同意在对国家、对社会所犯的罪行和对个人所犯的罪行之间，应该有所区别，这样区别的两类损害，我称之为犯罪和不法行为——可以看到，在罗马法所承认的民事不法行为的开头有窃盗罪。我们在习惯上认为专属于犯罪的罪行被完全认为是不法行为，并且不仅是窃盗，甚至凌辱和强盗，也被法学专家把它们和扰害、文字诽谤及口头诽谤联系在一起。所有这一切都产生了‘债’或者说是法锁，并都可以用金钱支付以为补偿。”② 从梅因的考证可知，在罗马文明初期对犯罪的理解限于对国家利益的侵害，而对公民个人利益的损害仅当做是侵权并称之为“不法”，并且对后者侧重于金钱补偿。因而对于窃盗、诽谤这类属于对个人的罪行没有被纳入犯罪范畴。

但是，罗马法也不是一成不变的，在罗马法的发展过程中，侵权（私罪）由不法行为向犯罪的转化，梅因是这样描述的：最初，侵害个人法益的行为被看做当事人之间的纷争，被害人只能依据普通程序要求赔偿，如罗马法立法机关对于比较凶暴的罪行并没有废止民事救济，它给被害人提供了他一定愿意选择的一种赔偿。梅因推论，社会

①参见［英］梅因：《古代法》，商务印书馆 1984 年版，第 209 页。

②参见［英］梅因：《古代法》，商务印书馆 1984 年版，第 209 页。

除了用立法的方法来处罚犯罪外，从最早的时代起，它就用它的法院来进行干预，强迫不法行为人补偿其不法行为。如果他是这样做了，那就始终可以假定社会在某些方面由于他造成的罪行而受到了损害。后来，随着社会的发展，被害人以丧失损害赔偿为代价被允许对私罪提起刑事自诉。“在奥古斯多完成其立法以后，有几种罪行仍继续被视为‘不法行为’，而这些罪行在现代社会看起来，是应该作为犯罪的；直到后来，在一个不能确定的时期，当法律开始注意到一种在‘法学汇纂’中称为非常犯罪（crimina extraordinaria）的新的罪行时，它们才成为刑事上可以处罚的罪行。无疑的，有一类行为，罗马法律学理论是单纯地把它们看做不法行为的；但是社会的尊严心日益提高，反对对这些行为的犯罪者在给付金钱赔偿损失以外不加其他较重的处罚，因此，如果被害人愿意时，准许把它们作为非常（extraordinem）犯罪而起诉，即通过一种在某些方面和普通程序不同的救济方式而起诉。从这些非常犯罪第一次被承认的时期起，罗马国家的犯罪表一定和现代世界任何社会中所有的同样的长。”①

正是在初民社会对刑事纷争包含犯罪和侵权理解的混沌意义上，有学者指出，犯罪在本质上是行为人对被害人实施的严重侵权行为，这实际上就意味着：(1) 犯罪与民事侵权行为在本质上都是侵权，二者间没有质的不同，只是量的差别；(2) 在主观上，犯罪与民事侵权一般都要求行为人有过错（故意或过失），以过错为归责原则；(3) 在危害后果上，犯罪和民事侵权都造成了对人身权益或者财产权利的侵犯；(4) 在因果关系上，犯罪与民事侵权都要求侵权行为与危害后果之间存在因果关系。可见，犯罪与侵权的区分仅是国家贴上的“标签”而已，犯罪与民事侵权具有质的内在统一性，正是在这一点上决定了刑法与侵权法的同源性，也正是在这一点上奠定了刑法私法化的基础。② 无论是从犯罪与侵权本质的历史追溯，还是从当今公民

---

①参见［英］梅因：《古代法》，商务印书馆 1984 年版，第 210 页。

②参见房保国：“犯罪与侵权——从被害人视角对传统犯罪观念的反思”，引自北大法律信息网。

权利观念勃兴和国家权力行使制约（如有限政府的提出）的时代背景来看，传统的犯罪与侵权边界的划分都必然会受到质疑，因而重新进一步明确犯罪的实质内涵可行且十分必要。

1.1.2 犯罪内涵的明确

在侵权的概念逐步从刑事纷争剥离的演变过程中，原来的刑事纷争被冠之以犯罪的名称。西方最早关于犯罪一词的解释，出自《圣经》之中，基督教将罪分为原罪及本罪。前者指人类始祖亚当及夏娃偷吃禁果之罪延至其后人。后者指个人自作之恶果，包括世俗中的犯罪及违背基督教规之行为。罗马帝国时期制定十二铜表法第一次以法律之形式规定："犯罪乃是危害社会利益之行为。"直到近代以来，各国刑法和理论界，才提出各式各样的犯罪定义。① 但是，犯罪的定义在今天仍然是众说纷纭。在英国通说认为罪行的特性在于公共危害，构成罪行的行为通常是对于公共利益有特别危害而不仅仅是践踏纯粹个人性的权利的行为。"罪行之所以是罪行 ，是因为被称为罪行的错误行为对于社会的安全和福祉构成了直接的和严重的威胁 ，同时也因为将这样的错误行为留给伤害的一方自行纠正是危险的。"②因此，英美法系国家的刑法学者，主要是从诉讼程序上理解犯罪，认为犯罪是被法院认定为或国会不断规定为足以伤害公共利益，必须应用刑事诉讼程序加以处理的错误行为。而在大陆法系的刑法学者看来，这仅仅是形式意义上的犯罪，未能触及犯罪的实质。例如，意大利学者认为，各种犯罪的实质意义可以分为两大基本类型：一类是认为犯罪的本质在于"侵犯了社会生活根本条件"，另一类则认为犯罪的本质是"违反了共同文明生活的基本准则"。③ 又如，台湾的张甘妹教授提出，所谓犯罪，乃侵害社会共同生活之安宁与利益之行为，即所谓的

---

①参见杨仁寿：《法学方法论》，台湾三民书局 1989 年版，第 20、57 页。

②参见［英］J. C. 史密斯、B. 霍根：《英国刑法》，法律出版社 2000 年版，第 21、22 页。

③参见［意］杜里奥·帕多瓦尼：《意大利刑法学原理》，陈忠林译，法律出版社 1998 年版，第 73 页。

反社会行为，并且具备科以刑罚的必要性及可能性。[①] 但是，什么是违反社会共同生活之安宁与利益？目前学界仍然是仁者见仁、智者见智。在我国，学者们对犯罪的本质特征——社会危害性之探争也未能尘埃落定。不管对犯罪内涵如何解释，“犯罪”一词都蕴涵有国家或是公权力为维护公共秩序而对于违反者加以刑罚处罚之义。

理论上对犯罪的内涵界定的论争意义不仅仅在于学理探讨，在司法实践中，一些民事侵权与犯罪行为往往难以界分，直接影响到实体法与程序法的适用。我们认为，由于犯罪的实质概念具有模糊性，从司法实践的角度看，犯罪的形式概念更有利于执法的统一，真正实现公平正义。现代社会人权意识日浓，公民的权利更加受到强调和重视。因而从某种意义上讲，英美法系对犯罪概念的把握与对民事与刑事案件的界分，更有利于公民权利的维护。因而，从形式意义上理解犯罪，更接近于刑事纷争的原貌，考察英美法系的刑民界分极具借鉴价值。

然而，由于制定法的匮乏，在英美法系国家，对刑事案件与民事案件的区分也颇为困难，例如在英国，行为是否是罪行只能根据一个标准：该行为是否受到刑事后果的禁止。问题因此就变成了如何区分刑事诉讼和民事诉讼的问题。但是这样区分犯罪和侵权所遇到的困难与定义罪行本身遇到的困难是完全相同的：大多数侵权同时也是犯罪，尽管有些侵权不属于犯罪和有些犯罪不属于侵权。区别不在于行为的性质，而在于诉讼程序的性质；同时既是侵权又是犯罪的行为可同时引发两种类型的诉讼。由于难以界定行为的罪行性质，在英国大多数学者及法官往往不得不求助于由实施该行为而引起的诉讼程序的性质为标准。法院经常发现自己面临着必须决定某一诉讼是否是刑事诉讼的问题。刑事案件中的被告不能为自己提供誓言证词（give evidence on oath），“刑事案件或刑事事件”一律不得上诉至上诉法院。上诉法院和上议院经常不得不面对某一具体诉讼是否属于刑事案件或刑事事件的问题。为了解决这类问题，经常采用的辨别标准是，诉讼

---

①参见张甘妹：《犯罪学原论》，台湾三民书局 1991 年版，第 1、2 页。

的可能的结果是否会对犯罪者作出惩罚。如果回答是肯定的，那么该诉讼就被认为是刑事诉讼。也有例外的规则，因为某些处以罚金的案件无疑是民事案件，但它们却以可能使犯罪者得到惩罚为目的，因此，以惩罚性为标准在法理学上同样是不能令人满意的。

因此，有观点认为，刑事处罚不同于民事处罚之处，实际上也是刑事处罚唯一不同于民事处罚之处——在于伴随刑事处罚和使刑事处罚正当化的共同体的谴责判断。刑事处罚以惩罚为核心，“惩罚的本质是它的不可避免性——犯罪者没有权利选择接受还是不接受惩罚”；而且在民事案件中，“他总是可以斡旋或通过受伤害一方的同意而免除他的责任”。而在民事案件中，只有受害者可以起诉。他（并且也只有他）可以在任何时间自由终止诉讼，而如果他诉讼成功并得到了一笔损害赔偿，他可以宽恕被告和免除被告的责任，这完全是属于他个人决定的事务的范围。① 以行为人是否应受到惩罚（刑事处罚）来界分民事案件与刑事案件，似乎又回到刑罚的正当性问题上。而衡量一件事情正当与否又是一个主观性或道德意味极为强烈的标准。密尔的《论自由》提出了一个用来判断哪一种行为应当受到法律惩罚的原则：在干涉人们（不论数量多少）的行为自由权利时，对人类（无论是个人还是集体）实行保护的唯一目的是人类的自身保护。违反文明社会中的某个成员的意愿而正当行使的权利，其唯一目的，就是防止损害其他人。② 密尔为了保护个人免受他人侵害而动用刑事处罚的观点并不能完全说明法律惩罚的正当性，惩罚的正当性依据何在还是一个需要探讨的问题，故以行为人是否应受到惩罚（刑事处罚）作为区分民事案件与刑事案件方法同样不足取。

1.1.3 公法私法分野

尽管英美法系学者试图从诉讼形式上区别刑事案件与民事案件可以弥补犯罪实质概念模糊性之不足，然而，从诉讼形式上划分犯罪仍

---

①参见［英］J. C. 史密斯、B. 霍根：《英国刑法》，法律出版社 2000 年版，第 27 页。
②参见［英］约翰·密尔：《论自由》，程崇华译，商务印书馆 1959 年版，第 15 页。

有较大的不确定性。因此，对犯罪类型作出进一步划分受到大陆法系国家的重视。对于犯罪的分类始于罗马共和时期逐渐形成的公、私法领域的区分。罗马法学家乌尔比安首先提出：公法是与国家组织有关的法律，也就是保护整个国家和社会利益的法律，例如调整国家机关活动与祭祀活动的规范；私法是有关个人利益的法律，具体来说，私法是保护一切私人利益的法律，例如调整所有权、债权、家庭婚姻与继承关系的法律规范。此外，在具体实践上，公法与私法应属不同的法律部门，并且各自独立不得侵犯。[①] 换言之，与公法相对应的公罪侵犯的是国家的权利，与私法相对应的私罪侵犯的则是公民的权利。罗马法学家乌尔比安关于公法与私法划分的理论，在罗马帝国时期以立法的形态加以沿袭采用，对后世影响深远。例如，意大利学者贝卡利亚将犯罪细分为三类：第一类是直接地毁伤社会或社会的代表的犯罪，即危害社会法益的犯罪；第二类是侵犯私人安全的犯罪，即危害个人法益的犯罪；第三类是属于与公共利益要求每个公民应做和不应做的事情相违背的行为，即危害社会法益的犯罪。其中，第一、三类犯罪即属于公罪，第二类犯罪属于私罪，在这类犯罪中，又可区分为侵害人身、侵害名誉、侵犯实物三种。贝卡利亚特别强调："一切合理的社会都把保卫私人安全作为首要的宗旨，所以，对于侵犯每个公民所获得的安全权利的行为，处以某种最引人注目的刑罚。"[②] 在英美法系国家，边沁应该是较早认识到犯罪概念的社会性与犯罪分类的必要性的学者。边沁在立法理论中谈到，如果犯罪概念指的是已经建立的法律制度，那么，犯罪就是被立法者基于无论何种理由所禁止的行为。如果犯罪概念指的是为创建一部尽可能好的法典而进行的理论研究，根据功利原则，犯罪是指一切基于可以产生或者可能产生某种罪恶的理由被人们认为应当禁止的行为。基于此，边沁根据受害人身份把犯罪分为四种：私罪、反射罪、半公罪和公罪。其中，私罪是指

①参见张宏生、谷春德：《西洋法律思想史》，台湾汉兴书局有限公司 1993 年版，第 54、55 页。
②参见［意］贝卡利亚：《犯罪与刑罚》，黄风译，中国大百科全书出版社 1993 年版，第 85 页。

对某个特定的人进行的犯罪，而并非指对罪犯本人进行的犯罪。①

公罪和私罪的划分实质上体现了法律层面上对国家和公民不同的保护。日本学者美浓部达吉指出，所谓私权，只是存于私人相互间的权利，国家对之处于第三者的关系，反之，若为公权，国家或公共团体本身居于当事者或义务者的地位，因此，国家对人民权利的保护方法因公权或私权而有显著的差异。“关于私法关系之争，无论其为何种事件，都可构成民事诉讼的目的；反之，关于公法关系，除法律特别规定其得向通常法院起诉者外，都不能成为民事诉讼的目的，若贸然提起民事诉讼，就会被认为不合法而驳回。这点是公法和私法最重要的实质上的差别。”② 在公权与私权理论基础上，诉讼制度在现代社会分裂为刑事诉讼与民事诉讼制度，两种诉讼体现在国家权力和公民权利的公法关系上，若是国家对公民所享有的权利，那权利背后带有国家的强制力，刑事诉讼即为表现之一；但若是公民对国家所享有的权利，那就当然不能具有那种强制力，公民只在法律容许由国家予以保护的限度内，才能对国家享有权利，民事诉讼即为表现之一。由此可见，受损害一方当事人权利的回复，虽有民事、刑事诉讼的途径，但是被害人在刑事诉讼中的地位显然不如其在民事诉讼中的地位。相较而言，在民事诉讼中，被害人是诉讼当事人的一方，直接提出自己的诉讼请求，要求如何处理加害人。但大部分在刑事诉讼中的两方当事人，一为加害人即被告，一为国家追诉机关类于原告，被害人不再是诉讼的直接当事人。被害人的身体伤痕及受害的陈述仅仅被视为在国家对犯罪人的诉追中所依据的诸多证据中的一种。在民事诉讼途径中，被害人享有最大限度自主权，被告人可能要强制工作用以赔偿被害人数倍于被害人实际所受之损失。定罪和量刑取决于被害人的意愿和所受损失的程度，在刑事诉讼前提下，一切从国家和社会利

---

①参见［英］吉米·边沁：《立法理论》，李贵方等译，中国人民公安大学出版社 2004 年版，第 286 页。

②参见［日］美浓部达吉：《公法与私法》，中国政法大学出版社 2003 年版，第 129 页。

益出发。定罪和量刑的考虑因素主要在于刑罚的报应性、威吓性及犯罪人日后的自新，赔偿在刑事诉讼中退居其次，甚至落在国家对加害人财产刑的执行之后，被害人连其所受的基本直接损失都难以索回。

特别是在公权与私权的衔接中，同样存在交叉领域。日本学者美浓部达吉认为，关于私权，不问任何事件，人民都可以提起民事诉讼去请求国家的保护。人民都可以向法院起诉去请求裁判。又即使是公权，法律有时亦将之视为准私权，规定其应向通常法院起诉。在日本，当法律为某事件特设有"得向通常法院起诉"的明文规定时，可分作两种意义理解：其一是该事件位于公法和私法相接近领域而不明其所属时，法律明白规定其属于私法的领域；其二是本属于公法的领域，而法律特视之为准私权而划归通常法院管辖的。公法上的损失补偿请求权即为后者的显例。① 很显然，对于这部分属于刑民交叉领域的纷争，因国家刑事与民事法律制度的迥异，而使当事人处遇大不相同。

事实上，公法与私法的划分依据也不是绝对的，不同学者有不同的理解。例如，美国学者哈耶克认为，"普遍的正当行为规则与政府的组织活动规则之间的区别与私法和公法之间的区别紧密联系。公法是对官员执行集体计划的指令。私法由处理个人事务的规则组成，是用来限制包括政府在内的个人和组织的行动范围的正义行为规则"。哈耶克主张，公、私法的划分并不在于私法为特定的个人福利服务、公法为公共福利服务，认为公法只服务于公共福利、私法只保护个人的自私利益完全是真理的颠倒。在哈耶克看来，作为政府组织活动法则的公法要求与之相关的那些人以服务公共利益为目的，而私法则允许个人追求各自的私人目的，并对个人行为作出限制以使他们最终服务于普遍利益。因此，哈耶克把刑法和民法包括在私法之中，而把宪法、财政法和行政法列为公法。② 因为，公法理论强调限制政府的公

---

①参见［日］美浓部达吉：《公法与私法》，中国政法大学出版社2003年版，第129页。

②See Hayek, "Rules and Order, Law, Legislation and Liberty", Vol. 1, London, Routledge &Kegan Paul, 1973, pp. 132-138.

共权力，以使私法所保障的个人自由和专有财产不受侵犯。从这个角度看，刑法的民法处理也不无道理。

我们认为，在刑罚制度的发展史中，为了巩固业已建立的国家秩序，相当一部分介乎侵权和犯罪之间，并且主要是对公民权利的侵犯的纷争，被认为是对社会安全和国家福祉的违反，而被纳入国家立法并由公权力制约的公罪范畴。对这类轻微犯罪即可以称之为刑事纷争（或刑事事件）。引入刑事纷争这一概念，并将刑事纷争的概念建立在对刑事案件作不同于一般法律式的定义基础之上，正是为了更好地说明刑民交叉领域，发生在公民之间的轻微刑事冲突的本质及解决。因为这类犯罪的纷争本身存在于犯罪人与被害人之间，而不是犯罪者与国家之间。将犯罪概念的原貌还原，即将只侵害个人法益的犯罪还原到刑事纷争的层次，不仅区别于公民具有完全处分权的民事纠纷，更是可以由此突出被害人在刑事事件中的地位及其处分权能，符合当前保护被害人权益运动的发展趋势。

1.1.4 公法私法化与被害人权利的复归

我国学者认为，西方法律文化是一种私法文化，中国法律文化则是一种公法文化。“如果一个社会的国家权力观念发达到使个人独立存在的价值的利益变得无足轻重或基本丧失，国家代表或否定了个人（个人完全消失在国家之中），侵犯私人法益就是侵犯国家法益、破坏社会秩序，那么，这个社会的法律必然表现为刑法和刑法化。”① 因而，在当今私法文化走向发达的趋势下，保障公民的权利成为法律的基本指向，而公民的权利得到切实保障又是法治社会的终极目的，可以预测，我国包括刑法在内的法律制度的公法特征也会逐渐弱化而呈私法化态势。20 世纪 50 年代以来，西方国家分别出现了公法私法化运动和私法公法化运动。作为公法之一的刑法也出现了私法化倾向。表现为刑法与民法、刑事责任与民事责任由传统的绝对对立到现在某

①参见张中秋：《中西法律文化比较研究》，南京大学出版社 1999 年版，第 99 页。

种程度的相互融合。刑法的民法化与社会结构的变化密切联系。因为，刑法是一种社会现象，它根植于一定社会的物质生活并在此基础上实现其存在的价值。在不同的社会结构形态中，刑法具有各自不同的使命。社会结构形态的变迁必然引起刑法功能、观念与文化的嬗变。① 刑法私法化在西方国家最典型的体现就是辩诉交易制度的流行，通过达成协议，允许当事人对刑事案件进行处分或解决。公益诉讼中，检察官也可以视做当事人之一，以原告的身份参加诉讼。在我国，刑法与民法的相融或者刑法私法化主要体现在刑事自诉案件的扩大适用。对于告诉才处理的案件，被害人有证据证明的轻微刑事案件，以及被害人有证据证明对被告人侵犯自己人身、财产权利的行为应当依法追究刑事责任，而公安机关或者人民检察院不予追究的“公诉转自诉”的案件，允许被害人直接到法院起诉，在自诉案件的审理中可以适用和解、撤诉等民事的处理方法；并且，如果当事人对于前两类自诉案件放弃刑事救济转而到民事庭提起民事侵权自诉，也可以得到允许。上述轻微刑事案件自诉范围的扩大，一方面表明了法律对当事人自治的尊重，另一方面也表明了国家对公民之间刑事纷争介入程度的减弱。

如前所述，人类社会并不完全依靠由法律的力量制约人类行为，不同时期的人类生活，为适应不同的社会与组织形态，对于纷争解决所采取的模式也未尽相同，因为国家组织形态的出现，才将纷争区分为公法、私法的不同领域，对于私法部分，国家留给人民自己处理，公法部分，则由国家独揽权限，刑事纷争自此才开始被定义成为犯罪。刑法与民法的关系，反映了公法与私法的关系，由于二者间的区别如此明显以致人们忽视了它们之间的共性。我们认为，事实上，犯罪不仅仅是犯罪人和国家之间的对抗，在有被害人的案件中更主要的是犯罪人与被害人之间的侵权关系，刑法也不仅仅是规范犯罪人与国家关系的，而是首先要解决被害人被侵权后的报复和赔偿问题的。因

①参见陈兴良：《走向哲学的刑法学》，法律出版社 1999 年版，第 178、149 页。

此，解决纷争也就是对于受害的被害人作积极的赔偿，以及对于社区受到的损伤作修复。正如霍华德·泽尔（Howard Zehr）指出："综观西方的大部分历史，犯罪被理解为一个人对另一个人的侵犯，更像那些被视为'民事'的冲突和错误。在这段历史的大部分时候，人们认为主要的反映必须是如何使事情变得更好；赔偿和补偿非常普遍，或许是标准的形式。犯罪产生了义务和责任，这通常需要通过协商的程序予以承担。复仇的行为可能发生但并不是很经常，复仇的功能也和我们想象的不一样。被害人和犯罪人在这种程序中负有责任，社区也要承担责任。国家也有作用但是是受到限制的，只在必需时按照被害人的愿望发挥作用。"①

社会学家杜尔克姆曾认为"机械形态社会"（即农业社会）的法律主要是刑法或强制法，而"有机形态社会"（即商品经济社会）的法律主要是赔偿法或合作法，而赔偿法的着眼点是用赔偿或归还等方式处理当事人之间的利益冲突。他认为，惩罚性制裁适用于建立在机械连带主义之上的传统社会，而复原性制裁适用于有机连带主义基础之上的，有着社会劳动分工的工业社会。这种划分意味着在发达社会里刑法会逐步萎缩，刑事制裁网络将逐渐让位于其他复原性制裁网络（这一与刑法相对立的范畴包括了其他法律部门如行政法、民法和商法）。②这一前瞻性论点的提出，使我们重新审视刑法及相关刑事制度，不难发现刑事法制度中的许多问题。

由于刑法具有制裁手段的强制性的基本特征，在刑法与其他部门法的关系上，一般认为刑法是其他部门法的最后保障法。在现代刑事法制度中，国家一方面是犯罪的追究者，另一方面是被害人的保护者，既要保护犯罪人的合法权益，更要注意保护被害人，运用刑事法来平衡国家、犯罪人和被害人三方利益，德国学者指出："自从有刑

①参见房保国："犯罪与侵权——从被害人视角对传统犯罪观念的反思"，引自北大法律信息网。

②参见［法］米海依尔·戴尔玛斯·马蒂：《刑事政策的主要体系》，卢建平译，法律出版社2000年版，第89页。

法存在，国家代替受害人施行报复开始，国家就承担着多重责任；正如国家在采取任何行动时，不仅要为社会利益反对犯罪者，也要保护犯罪人不受受害人的报复。——刑法不仅要面对犯罪人，保护国家，也要保护犯罪人；不但要面对犯罪人，也要面对检察官，保护市民，成为公民反对司法专横和错误的大宪章。”①然而，现代刑法理论将犯罪行为认为是对社会秩序的威胁，而不仅仅是对被害人个人的侵害。除少数轻微的犯罪在一些国家保留传统允许被害人自诉外，国家几乎全部掌控对犯罪者的追诉与实施惩罚的权力，保护国家社会总体之利益考虑远远大过被害人损失的回复及身心健康、平静生活之恢复。通常被害人在遭受犯罪侵害后，刑法仅仅对财产法益的犯罪规定有物质赔偿，但对被害人因犯罪造成物质以外的、精神上的以及社会关系上的损害，则在刑事法中少有对这方面补偿的规定。此外，在大多数国家的刑事诉讼制度中，被害人往往必须以证人而非当事人的身份参与到追诉犯罪的诉讼程序，必须对其亲身遭遇的犯罪行为内容作出陈述，特别是对某些涉及隐私或是受害人精神备受打击的犯罪，在侦查和审判环节一遍遍被迫回忆当时的犯罪情景及感受，对被害人而言，无异于第二次被害、第三次被害的施加。

近年来，被害人权利及保护受到国际社会的普遍关注。一些国家开始在立法上对被害人进行特殊保护，例如，1982 年美国联邦政府通过的家庭暴力防制法（*the Attorney General's Task Force on Family Violence*）中对于被害者的协助，不仅是保护被害人，还包括执法、刑事诉讼、审判以及精神方面的协助。② 1990 年美国国会明确规定犯罪被害人的七项权利［即所谓的“被害人权利法案”（*the Victims' Bill of Rights*）中对被害人的保障，制定《被害人权利及损

---

①参见［德］拉德布鲁赫：《法学导论》，米健、朱林译，中国大百科全书出版社 1997 年版，第 96 页。

②参见 Marlene A. Young，Ph. D.，J. D.，“The Victims Movement：A Confluence of Forces”，from 2001National Organization Assistance。

害补偿法》(*the Victims' Rights and Restitution Act of 1990*)]:(1)受公平处遇及被尊重人格及隐私之权;(2)受合理保护,免受他人侵害之权;(3)受通知法庭程序之权;(4)除因被害人在场亲自聆听证词足以影响其证词之真实性外,被害人有于本案公开审判庭在场之权;(5)向承办检察官咨询之权;(6)损害补偿请求权;(7)被通知判决结果之权。[①] 又如,联合国大会1985年11月29日第4034号决议通过《犯罪被害人及权力滥用被害人司法基本原则宣言》(*Declaration of Basic Principles of Justice for Victims of Crime and Abuse of Power*),对于加强犯罪被害人之保护影响深远,被称为"犯罪被害人之人权宣言"。[②] 该宣言规定国家有义务给予被害人迅速经济有效的司法救济,应保障被害人应有的诉讼程序权,及被害人之保护与赔偿制度。例如在第2款对犯罪被害人的基本规定中强调犯罪被害人对被害应获得公正公平之处理,其所受之损害应得通过司法程序依法获得迅速之救济;司法及行政机关应建立制度或采取必要之加强措施,使犯罪被害人得通过迅速、公平、低费用而且方便之正式或非正式之程序以获得救济,并应告知犯罪被害人得通过上述程序而获得救济之各种权利,等等。

1.2 刑事纷争之解决范式

1.2.1 私力救济与国家追诉

如前所述,人类文明悠久远长,追溯刑事纷争解决方式的起源大概要到初民社会的氏族部落。在社会的初始阶段,刑事纷争的解决最初是以某个个体(非国家形态)的基于单方公平正义意识采取暴力或报复等形态的冲突方式压制对方来解决的,即我们称之为私力救济的纷争方式。在一些文献中,将这一时期纷争解决方式分为两种:一种为氏族内的司

①参见台湾法务部保护司编:《犯罪被害人保护研究汇编》,1998年版,第350页。
②参见台湾法务部保护司编:《犯罪被害人保护研究汇编》,1998年版,第969页。

法，以族长为司法权力中心，犯罪是对于神明的冒犯或亵渎；另一种为氏族与氏族间的纷争，采取同仇敌忾式的族群复仇模式。

到了氏族社会后期，一些城邦国家或国家的雏形产生，开始有了基本的制裁机构，单纯的复仇方式逐渐为私人裁判方式所替代，即私人处于纷争的发动者与制裁的执行者地位，被害人复仇的权力得到国家机构的认可，这一时期的典型制度有：共同宣誓人制度、裁判角斗制度、舍弃加害人制度、同态复仇制度、自愿和解制度。① 应该说，这些制度已经有了某种司法的性质。而对于即使是没有第三者直接介入的私力救济，只要其方法、程序上存在着一般承认的、确立了的规则，法的基本构成要素就可以视为已经存在。私力救济只要被社会承认是正当的并给予支持 ，便构成了法庭的原初形态。

但在私人裁判（追诉）时期，由于还没有形成强而有力的权力中心，国家根基不稳，国家机器也还欠发达，公共权力机关虽然已经能够起到某些作用，但这种作用仅仅是从属性质，对刑事纷争的解决仍然属于私人私法的特性。私人追诉的范围囊括了所有造成损害的行为，也就是将我们今天称之为犯罪的刑事纷争视做是对被害人的损害，而不是对社会的损害。当时，审判制度不是解决纷争的唯一途径，当事人之间亦可以合意的方式解决纷争，例如赔偿的给付或是决斗的模式，但无论是从裁判的原则上，还是在裁判的数额上，和解都只能是自愿的和解；并且无论加害人提供的（赔偿）数额有多少，如受害方认为其复仇的权利得到中央（国家）机构的承认，仍有权拒绝同加害人和解。国家虽然建立了基本的制裁机构，但这种机构的运转仍然留待受害人自己去决定。国家并不从正面与“私人复仇相对抗”，不过，国家仅仅是为了逐步限制私人复仇之目的，才不得已承认这种复仇风俗。这一时期制裁的进行遵照的是中央权力机构确定的、旨在疏导私人复仇的实质规则与形式规则；国家仅限于对受害方给以协

---

①参见［法］卡斯东·斯特法尼等：《法国刑法总论精义》，罗结珍译，中国政法大学出版社1998年版，第66页。

助，使其得到公正。当然，复仇越来越受到限制，国家对复仇的合法性与正规性要进行审查。但是，这种裁判，从其发动、进行，乃至追求的目的来看，仍然属于私人性质。只有当国家将制裁权掌握在自己的手中，对制裁加以组织，并且把对社会给予补偿作为制裁的目的，受害方相应退到从属地位，从而使刑事诉讼即使没有受害方的参与也仍然可以正常进行的时候，司法裁判才能称为公诉裁判。① 由此进入国家追诉时期。

这一时期促使私人裁判向国家裁判发生转变的因素有：一是在社会秩序从国家对复仇的审查与限制中获得某种利益的过程中，人们认识到，在实施任何复仇之前，有必要由国家进行干预；二是为了使司法机关在每一次发生严重犯罪的情况下都能出面进行干预，国家还广泛扩大了控诉权。在古希腊，不仅将这种控诉权扩大至受害者的家属，而且扩大至他的邻居、朋友、证人与一般的公民；三是对犯罪人制裁具有社会性质与社会特质，是为了社会公益并以“社会的名义”进行。通过这些途径，渐渐地任何严重的扰乱社会的行为都将完全自动引起国家设立的法庭的追诉与干预，犯罪得以以社会的名义并为社会的利益科处刑罚，所有的受害人都被禁止自行实施制裁权，仅在极为有限的特殊的范围内，如现行犯罪、正当防卫、紧急避险时，才保留私人暴力的合法地位。这时对犯罪的制裁请求权已属于整个社会，这种诉权便不再是一种私人诉权，而已经成为一种公诉权，国家公诉便取代了私人追诉。

1.2.2 刑事纷争解决与刑罚制度变革

如上所述，在这种“一切人反对一切人的战争”的私人追诉时期，每个人或多或少都将是受害者。当强大的、秩序井然的国家机器建立起来时，所有国家无一例外地都是社会权利的垄断者，其首要行为都是禁止人民实施私力救济。法律尤其是刑法，便是冲突解决的替

---

①参见［法］卡斯东·斯特法尼等：《法国刑法总论精义》，罗结珍译，中国政法大学出版社 1998 年版，第 63、68 页。

代措施，所有纷争冲突都要在法律公正面前受到考量，权益正义都将在公力救济模式下得到伸张。而刑法制度又发端于刑罚制度，因此，考察刑事纷争的解决只能伴随西方启蒙时期现代刑罚观念的产生及刑罚制度的发展来进行。

刑罚（poena，peine，pena），原为希腊语义指支付给被害者亲属的杀人赎罪金（were-gild，wergeld）①。刑罚制度的存在，主要也是为了恢复族群的和平与安全，即使是伤害以及杀人也可以用金钱赔偿解决，被害者及其家属的需求成为当时刑罚制度的重心考虑。但是，这种制度下人的价值变成可以以金钱来评量，有钱人可以利用金钱换取他人的生命，相对的无资产之人若侵害他人，则会被执行残酷的刑罚。当惩罚的过程摆脱受害者及家属本能性的情感反应，或者全体社会对于暴行与危险的反感时，惩罚才能够开始以理性的社会政策来考量。希腊时期以柏拉图为代表，提出刑罚具有矫正和威慑两面性思想，人们开始认识到刑罚不再是私人复仇的工具。

随着刑罚观念的演进，被害人处理自己纷争的权利逐渐被剥夺，形成以国家追诉犯罪为核心的刑事司法制度，并成为解决刑事纷争的固定模式，犯罪被害人也因此被拒斥在刑事司法制度之外。国家机器渗透到人民生活的各个领域，由公领域到私领域，私人间的纷争不再由私力自治，无论是私人对纷争解决的主导权、决定权以及进行权，都由国家的理论来控制，个人的意志无形间已经被国家所取代。在这种国家为主导的刑事司法模式下，犯罪不再被视为对个人的侵犯，而是对整个国家安全和社会秩序的破坏，是对国家利益的侵犯；追究犯罪也不再是被害人的职责，而演变成了国家的义务。犯罪行为与民事侵权行为之间被完全隔离，似乎有着不可逾越的鸿沟。强大的国家机器替代受害人追诉犯罪，犯罪人与被害人不再是刑事纷争的两端，犯罪演变为国家与犯罪人之间的角逐较量。

---

①参见 Merle et Vitu，traite de droit criminal，tome I，4e ed.，1981，n0588，p. 741，note 5。转引自森下忠：《刑事政策大纲I》，成文堂1989年版，第27页。

随着双方的地位悬殊甚大，刑法的人道性、刑法人权保障机能被强调，犯罪人的权利与犯罪人复归社会受到重视，矫正犯罪人或是等害报复成为刑罚的目的。欧洲自从启蒙运动以及资本主义开始兴盛之后，不断的有新兴的刑罚理论提出，希望建立一个破除中世纪道德与刑罚不分、严酷而无意义的刑罚制度，而且希望借由科学的帮助，使刑罚更具备社会复归的功能，犯罪人不应该被社会所遗弃，应该帮助他们回到一般人的生活当中。客观主义与主观主义的辩争告一段落后，刑罚学说仍然不断地寻求更符合人性尊严的制度。但在 19 世纪 70 年代以前，各国理论和实践主要是关注被告人的诉讼权利免受来自国家的侵害，而对被害人的权利保障始终没有足够的重视。

而在刑罚变迁当中，整个国家形态以及社会观念也随之改变。“所谓的国家从君主极权时期到了绝对法治国时期，进而人民对国家的要求也不只是秩序的维持，更加要求对于社会问题的关注、福利政策的实施，国家的权限在扩张，人民在不知不觉间对于刑罚的参与更加式微。在讲究犯罪为对于法的违反时，犯罪被害人就已经被排除在刑罚的考虑当中了；而科学处遇的倡行，更使得不具备专业背景的犯罪被害人对于刑罚模式毫无置喙余地，纷争的解决大多由国家权力取代，犯罪被害人与犯罪人在严密的国家系统当中，都由事件当事人的地位贬为事件的客体。越多的刑法学说，只是创造国家强权介入的越多借口。”① 在这种潮流中，许多国家也开始检讨刑罚制度，对于刑事纷争处理的模式也开始有不同于传统注释法学派的看法，产生建立考虑被害人的刑罚制度的诉求。反映在刑事司法制度上，造就了修复式司法模式的出现，并在国际上形成一股犯罪被害人的保护抑或改革纷争的解决模式的趋势。

---

①参见周思嘉：“论犯罪被害人参与刑事司法机制的建构”，台湾辅仁大学硕士论文，第 31、32 页。

1.2.3　纷争解决方式变革与告诉乃论

建立以国家追诉犯罪为主导的刑事司法制度，在制度的运作上产生了一定的问题，一方面，国家为了惩罚犯罪不得不背负一笔庞大的经费开销，支出昂贵的司法成本，造成社会资源的浪费。另一方面，将人与人之间的（刑事）纷争抽象化为犯罪，并欲通过对于具体犯罪事件的处理以达到一些抽象的政策上的目的，使被害人成为程序设计以及其他刑事政策的客体，犯罪被害人的利益因此被忽略。

有学者对这种以国家和犯罪人为主题的“二元结构模式”的刑事法律关系提出质疑，刑事法律关系应突出体现国家公权（权力）力与个人私权（权利）的相互制约与平衡，这里的国家权力当然是指国家追究和惩罚犯罪的权力，但是这里的权利不但包括被告人（犯罪人）依法享有的辩护权和其他合法权利，也应包括被害人所享有的对犯罪的一定的追诉权利。再则，从人权思想的兴起、被害人学的成果对整个刑事法学影响、实现法律的公平正义以及司法实践保护被害人权利的要求等方面来看，被害人都应成为建构刑事法律关系中的必备要素。建立刑事法律关系的“三元结构模式”主要体现以下三组关系：一是犯罪人与被害人。犯罪人侵犯了被害人个人的“私权”，并造成了相应的人身或财产的损失，除了承担相应的处罚外，还应当对被害人予以赔偿；而被害人有权要求对犯罪人进行惩罚，追究其刑事责任，也有权要求犯罪人对其损失进行赔偿。二是犯罪人与国家。犯罪人侵犯了国家的公权，破坏了国家的统治秩序，应当承担相应的刑事责任，但同时也有权要求国家保护其合法权利不受侵犯；而国家除了追究犯罪人的刑事责任外，还应切实保障其法定权利的实现，真正贯彻罪刑法定原则、罪责刑相适应等原则。三是被害人与国家。被害人有向国家主张刑事追究个人犯罪和要求国家补偿的权利，也有积极配合国家司法机关追究犯罪的义务，如提供线索和证据，出庭作证等；而国家对被害人的权利既要予以保护和进行必要的制约，使被害人与犯罪人之间的权利分配不至失衡，同时国家又具有对无法获得犯罪人赔偿的被害人进行补偿的义务。[1] 随着被害人学的兴起和世界性的刑事法改革运动，被害人与国家的关系已经被列入整个刑事法律关系的框架中考察，并日益受到各国学术界与实务界的重视。[2]

事实上，并不是社会上发生的所有刑事案件都适宜通过刑事诉讼来解决，从社会整体效果来看，可以对刑事纷争以某种形式将适合于诉讼和不适合于诉讼的种类区别开来。刑法所规制的犯罪行为中有相当一部分只是被害人个人的合法权益，而与国家或社会整体利益无关。对于这样的犯罪行为，被害人应该具有完整的诉权和独立的法律人格，让被害人参与到解决机制中来，不仅可以使被害人所受的损失得到充分赔偿，而且可以修复被害人遭受犯罪的挫折心理，使争议在协商的气氛中得到较为圆满的解决。据此，一些国家将原本由私人追诉的相对简单的、社会危害较小的刑事纷争的刑罚请求权交给被害人。在实体法上，一些国家在立法上规定亲告罪的犯罪，将某种特定情形下的犯罪作为告诉乃论处理。例如德国、意大利、瑞士、西班牙、巴西、日本、韩国，都有告诉乃论的法律规定。其中，德国为35种（不含《反不正当竞争法》等9项单行法规定为告诉乃论的各种犯罪），意大利为52种，日本为23种，瑞士为40种，巴西为43种，西班牙为7种，韩国为24种，俄罗斯有7种规定为亲告罪。法国尽管只有公诉，没有自诉，但也在其刑法典中将2种犯罪规定为告诉乃论。[3] 从犯罪性质上看，亲告罪所侵犯的多是私人的人身、财产权利，一般不影响社会公共安全和秩序。对被害人来讲，这些权利具有可处分性。即使对犯罪人不予追诉也不至于引发公众对社会秩序的恐惧感。对这类刑事纷争，“有的情况下是想在犯罪性质上尊重被告

---

①参见许永强：《刑事法治视野中的被害人》，中国检察出版社2003年版，第80、81页。

②美国的几个州至今仍保留着所谓的“受害者赔偿计划”，即由政府支付一定数量的现金给犯罪行为的受害者，以帮助补偿他们所遭受的损失，当然，这种支付行为独立于起诉行为，并且也不能替代起诉行为。

③参见陈妮：“中外告诉乃论比较研究”，载《政法论坛》2001年第1期。

人的名誉，有的情况下是想对比较轻微的犯罪顾及被害人的意思。”[①] 在诉讼层面上，即亲告罪作为追诉的要件需要告诉权人的告诉。在我国，刑法明文规定侮辱、诽谤、虐待、暴力干涉婚姻为需要被害人告诉才处理的犯罪，同样是因为“这些犯罪所侵害的权利较轻，危害不是很大，法院是否处理，尊重被害人的意见；并且有的犯罪，被害人与被告人之间还有亲属关系，被害人只要求被告人停止对其实施危害行为，并不希望被告人因此而受到刑事处分，除非万不得已，往往不愿诉之于法院。”[②] 现行刑法又在保留原有的四种亲告罪基础之上增设侵占罪为纯粹的告诉才处理犯罪。

亲告罪立法还与被害人意思自治和司法经济宗旨相呼应，在进入20世纪的西方社会，在刑事领域中兴起了一连串以纷争的当事人为主要考虑的制度变革，例如美国在既有的刑事司法体系之外所设立的“近邻司法中心”（Neighborhood Justice Center）、“社区修复委员会”（Community Restorative Boards）等地域性司法取代国家司法。到20世纪末叶，犯罪被害者保护、原住民运动等社会运动提出，国家应归还给人民一些权力，一些自主自治的权力。例如，源自新西兰于1989年的《儿童、少年及其家庭法》（*Children , Youth Persons and Their Families Act*）的家庭团体会议（family group conferencing）之机制，在澳大利亚、加拿大、美国各州等地陆续发展。为了对加害人之犯罪行为寻求最佳处置结果，“家庭团体会议”采取由被害人、加害人、双方之家属及各自之支持者等共同参与，并由官方之司法人员担任协调者之模式，作为纷争解决机制。[③] 又如，源自美国、加拿大当地小区的审判圈（sentencing circles）概念，在做法上，审判圈之参与者包括被害人、加害人、各自的支持者、司法人员、律师、小

---

①参见［日］大塚仁：《刑法概说》（总论），中国人民大学出版社2003年版，第93页。

②参见马克昌：《犯罪通论》，武汉大学出版社1999年版，第41页。

③参见 Allison Morris /Gabrielle Maxwell ，“The Practice of Family Group Conference in New Zealand：Assessing the Place Potential and Pitfalls of Restorative Justice”，p. 209。

区相关人士等。审判圈之会议进行时，参与者须围坐成一圆圈，由加害人或被害人提出其“谈话性文章”并传递给所有人阅览，以抒发其被害或加害的感受，之后再决定每一参与者均同意的和解协议。审判圈是法院审理的替代处分，对于愿意承认罪行，有改过希望的加害人，借由小区调解之模式取代审判。这些以社区为主体的纷争解决方式的出现，使得国家追诉不再是解决纷争的唯一方法，也反映出将解决纷争的权利归还当事人的理念与宗旨。

1.2.4 多元化的纠纷解决机制及发展

（一）社会视野下的纠纷解决方式

如果将纠纷解决方式置于社会学视野之下，我们会发现，除了法律途径之外还有其他多种方式，从社会控制的层面上看，美国社会学家罗斯认为有三种类型：一是对意志的社会控制，如暗示、教育等是用直接的方式影响社会成员意志，法律、宗教则是用赏罚方法。二是对情感的社会控制，如以个人理想、礼节、人格等对社会成员情感控制。三是对判断的社会控制，如用启发、社会评价等方式控制社会成员判断。[①] 由此可知，对人类大部分的行为控制只能依赖种种非正式渊源，法律作为社会调控手段具有局限性。

众所周知，法律的实施主要以国家为主导，尤其是对确保社会秩序安定的刑法规范，更需要以国家强制力为后盾。因此，国家机关依职权主动追诉犯罪、惩罚犯罪的模式也被称为国家司法。如果摒除法律观点下的犯罪定义，不再将纷争认为是需要国家机关介入、经由审判程序判定惩罚的犯罪行为，改由一般社会的视野观察，刑事纷争就是一方当事人对另一方当事人及居住区域造成伤害。解决纷争就是对受害的被害人作出积极的赔偿，恢复社区的和平与安宁。这也就是恢

①参见陈伟：“美国最高法院至高无上的权力是谁给的”，载《世界周刊》2001 年 1 月 21 日。

复性司法的依据所在。[①] 当然，我们认为，这种解决方式并不能适用于所有的刑事纷争，而只限于包括亲告罪在内的公民与公民之间的轻微刑事冲突。对这类刑事纷争，有时候诉讼外的纠纷解决方式更受到青睐。没有进入刑事诉讼程序的纠纷或者就此消弭，或者通过其他各种可能利用的手段，例如通过当事者之间的交涉、第三者的斡旋以及调解、仲裁等“准司法机关”得到解决；有的通过其他违法手段甚至是通过诉诸暴力手段在诉讼外得到解决。

换言之，从社会学视角看社会纷争的解决方式不限于法律的方法。如法国学者勒内·达维德认为，“法律并不是解决人与人之间争端的正常方法。法律可以向人们提供行为的准则，或者对违反社会利益的行为人构成威胁，从而起到有益的作用，但并不存在必须按照字面严格遵守法律的问题，在法律的实施和运用上，必须十分慎重。最理想的是根本不需要运用法律，法院也根本不需要作出什么判决。”[②] 在我们所处的市民社会[③]里，更推崇社会成员之间自我解决纷争平衡利益的特性。哈贝马斯认为现代西方的市民社会是随着资本主义市场经济的发展而形成的一个独立于政治力量的“私人自治领域”，它包括私人领域和公共领域，哈耶克主张在私人领域有不受国家干预的“私域”和“自生自发之秩序”，在公共领域，国家与市民社会之间通过公民权（citizenship）打通系统整合与社会整合，实现两者之间的互动。在市民社会中必须创建一定的公共生活空间，当市民社会成员因利益发生纠纷时，其他成员就有义务为解决该纠纷提供协助。因此，

---

①恢复性司法（restorative justice），源于对国家取代被害人而独占司法的反省，产生于 20 世纪 70 年代的美国刑事司法。是指为了解决已经产生犯罪的事件，不再依赖国家之刑罚制度，而以事件当事人间进行对话的方式，使被害人除了获得金钱损害赔偿之外，也获得精神方面的恢复。

②参见［法］R. 达维德：《当代主要法律体系》，上海译文出版社 1984 年版，第 486 页。

③按照马克思的观点，市民社会既是与政治国家相独立的社会结构，又是建构政治国家与社会关系和意识形态的基础。后学界兴起有关市民社会的研究热潮，但公认的观点是市民社会属于相对国家的私人自治领域，以各种自愿自治组织为中介，以个人自由、平等、契约为根本原则和价值。

在市民社会与政治国家二元分立中，有关市民社会形成的最突出的价值在于培育一个权利发达、自由开放、尊重个人品格的制度。政治国家与市民社会二元分立的结果是：作为政治设置的制度空间由国家占据，在此以外则是私域和非官方公域这两大基本的独立领域，即市民社会。① 而发达的市民社会有能力利用其内部资源解决争议消解诉讼，从而导致政治国家需要以国家公权力介入的机会或频率相对减少。

（二）法律框架下的二元纠纷解决机制

法治文明属于人类社会创造的制度文明之一，在现代社会无论人们如何努力寻找法律的替代物，终归是法律大框架下的小改革，我们探讨诉讼外的纷争解决方式，只是为了弥补完善法律手段之不足。经过几百年制度文明的洗礼，法治理念与规则意识已不知不觉在人们思想与行为中潜移默化地发挥作用。从市民社会纷争最终解决的方式上看，对于可以通过法律解决的纠纷，又可将之划分为两大类：合意（如和解、调解）的纠纷解决和决定（如仲裁、判决）的纠纷解决。所谓根据合意的纠纷解决，指的是由双方当事者就以何种方式和内容达成合意而使纠纷得到最终解决的情况。所谓根据决定的纠纷解决，指的是法律等仲裁机构就纠纷应当如何解决作出一定的指示并据此终结纠纷的情况。但是，以后一种方式解决纷争时，由于其方案不是当事人自发性同意，所以在强行实现决定的内容时会引发当事者的不满而引起抵制，因而只要是在法律规范的框架下，当事人通过合意的方式解决纠纷，应该是纷争当事人的首要选择。

日本学者认为，前一种在现实的合意的纠纷解决过程中，规范或多或少地制约其合意内容，其理由是：第一，对当事者及利害关系人来说，如果在自己的利益与自己认为是正当的价值、规则相抵触的情况下还要继续追求自己的利益，就可能或多或少地感到内疚。这种情况也可以从交涉中双方当事者总是援引一般的规范来说明自己主张的正当性，并力图以此说服对方的场面得到旁证。第二，在各方当

①参见邓正来：《市民社会理论的研究》，中国政法大学出版社 2002 年版，第 10、11 页。

事者为了在纠纷过程中获得有利的地位而谋求第三者（裁判者）支持的情况下，结果也往往是把规范性导入交涉过程。因为，为了获得第三者的支持，往往有必要就自己主张的正当性对第三者进行说服。作为一般的假说，第三者固有的利益越小，换言之，第三者对于纠纷的结局越具有中立性，获得其支持所需要的当事者主张的正当性就越重要。所谓“舆论的审判”指的就是对特定的纠纷没有直接利害关系的社会一般成员根据社会规范对当事者双方的主张正当与否作出判断，给一方或另一方当事者以支持的现象。第三，如果可根据规范来强制解决纠纷的审判制度对当事者来说具有选择手段的现实性，则通过交涉而得到的合意内容一般受到规范的制约。为了拒绝对方的不当要求或者为了使对方接受自己的正当要求，暗示要到法院去解决往往是相当有效果的。一般而言，如果利用审判制度事实上相当困难或者需要花费较大的费用、时间，则通过审判的纠纷解决与审判外通过合意的解决之间在内容上就可能有较大的差别。①

当然，现实中不可能存在极限状态，任何纠纷解决方式都没有从根本上解决正当化的问题。正如马克斯·韦伯指出的形式合理性与实质合理性远远不可能二元统一问题。不管是法庭诉讼还是当事人合意选择的第三者，其裁决都保留着裁量的余地。但是，如果裁决者的裁量余地被限制，决定内容被事先存在的法律规范所规制，就意味着减少了根据具体状况灵活机动地解决纠纷的可能性。

因而无论采用哪一种纠纷解决机制，人们更多关注的是纠纷解决的社会效果。法律效果不再是评判首要考虑的因素。法律最小化方案被一些国家采用。如“在美国，人们已不再关心权利的获得与丧失，原先有关流浪罪、堕胎罪的法律条文已被废除，违反空中和公路交通规则的行为也常常被忽略”。而在另一个工业化程度极高的国家日本也在事实上采用了法律最小化的方案。日本的诉讼率、判决率以及定罪率非常之低是

①参见［日］棚濑孝雄：《纠纷的解决与审判制度》，中国政法大学出版社 2004 年版，第 16—18 页。

日本当局有意识寻求法律最小化的结果。为此采取的措施有：将律师和法官的数量限制在远低于供求关系支配的标准，法官不轻易动用其权力强制调解民事案件；同时建立了强制性的和解过程，只有调解失败的才通过法律手段解决。结论是日本的社会控制体系似乎并未引起反社会的行为，相反，它比当今世界上任何法律体系都更为有效。①

值得一提的是，现代社会的条件会产生各种各样的组织，并且人们对组织的依赖性越来越大。故而目前在工业文明程度最高的美国现代社会也存在各种纠纷解决机构，以类似于索马里“通赔群体”② 的“法律合作社团”为例，美国学者布莱克认为，由于法律合作社团的介入，可能促使目前刑事司法案件中较少使用的非刑罚惩处手段更多地被采用，有可能推广以补偿为惩处手段的方式。因为肇事方所在合作社团有能力采取紧急补救措施使受害方在经济上得到满意的补偿，受害方从而愿意撤回起诉。大量的掠夺行为，如盗窃、抢劫的受害人，一般来说得到经济上赔偿的意愿胜过指望肇事方得到法办的意愿。尤其是当罪名是否最终成立还不能确定，受害人尚不能从法律裁决中得到一丝慰藉的时候更是如此。但是，布莱克也指出，在现代社会，由于家族共同分担责任的传统体制正在被削弱和瓦解，很少有人能够支付得起刑事案件判决的赔偿数额，即绝大多数刑事被告无法依靠自己的能力来支付赔偿，法律合作社团能够稳定地承担起过去是由家庭来承担的这项功能，从而推动自身的发展。无论是民事案件，还是刑事案件，强调运用法律合作社团内部调解机构，以通过补偿、和解的方式解决纠纷，减少刑罚的滥觞，对现代生活的社会治疗有深远意义。③

---

①参见［美］唐·布莱克：《社会学视野中的司法》，郭星华译，法律出版社 2002 年版，第 49 页。

②在非洲索马里的游牧部落创造出的一种用来处理纠纷的群体生活类型——“通赔群体”，阿拉伯语即“作价赔偿”或“以血债血还”之意。“通赔群体”根据成员协议规定的条款处理群体内部成员之间的冲突纠纷。

③参见［美］唐·布莱克：《社会学视野中的司法》，郭星华译，法律出版社 2002 年版，第 52、53 页。

第 2 章 亲告罪的犯罪论问题

大多数国家在犯罪类型上都把犯罪区分为亲告罪与非亲告罪。而以亲告罪为特殊，以非亲告罪为常态。虽然亲告罪被视为一种特殊的犯罪类型，而其犯罪构成上并无特别之处，某个具体的亲告罪，只要符合了该犯罪的具体犯罪构成，便成立了犯罪。但是，国家对该犯罪追诉的要件则需要以告诉权人的告诉为前提，换言之，亲告罪是以被害人请求为起诉要件的犯罪。这里被害人的告诉与否直接关涉被告人犯罪的成立与刑事责任的承担，关涉违法阻却事由、处罚阻却事由，那么，被害人的告诉在犯罪论体系中的正确定位，仍是一个值得探寻的问题。

2.1 被害人告诉与违法阻却

2.1.1 亲告罪立法的理论基础

我国《刑法》第 98 条明文规定，亲告罪，被害人告诉才处理。依罪刑法定原则，表明刑法关于亲告罪的规定具有双重意义：一方面是刑事被告人自由的大宪章，另一方面是刑事被害人从刑事纷争中保护、恢复自己权益的自由宪法。二者相辅相成，被害人的告诉，对出现立法规定的犯罪行为模式导致的刑事纷争这一矛盾的最终解决，具有重要的理论与实践意义。其对侵害人来说，是认识和悔改自己过错的机会和被害人告诉的才处理。对被害人来说，则是保护某种关系利益和恢复被侵害权益的保障，两者在实践中，其刑事纷争解决的效果远甚于对侵害人的刑事处罚和对被害人力不从心的弥补。

亲告罪在具体的犯罪构成要件上与其他犯罪没有什么不同。但是对某一类犯罪的起诉增加以被害人告诉为条件，主要是基于不同的刑事政策思考，其目的在于，在仅与个人的利益相对立的情况下，避免国家“刑罚请求权”的无条件的行使。通常亲告罪适用于以下两种场合：

一类是犯罪危害比较轻微，考虑被害人的追诉要求更为合理的情形。有的学者认为亲告罪所侵害的权利轻，危害不是很大，法院是否处理，应尊重被害人的意见，并且，有的犯罪，被害人与被告人之间还有亲属关系，被害人只要求被告人停止对其实施危害行为，并不希望被告人因此而受到刑事处分，所以对这类犯罪，法院也应采取不告不理的原则。① 在日本，亲告罪适用于两种场合：一是犯罪危害比较轻微；二是需要考虑被害人。两个条件都需要满足。

另一类是犯罪性质虽然比较严重，但需要尊重被害人的意思，为了保护被害人隐私权免受刑事诉讼侵害的情形。还有的学者认为亲告罪设立是便于保护被害人（告诉权者）的名誉或其他切身利益，避免激发被害人的感情，避免扩大影响而规定的。② 日本学者野村捻认为亲告罪对于犯罪的追诉与否决定于个人的意思。这样做的理由在于，像侮辱罪那样，在犯罪危害较轻微的场合，考虑被害人的追诉要求是合理的。而且像强奸罪那样，犯罪本身虽然并不轻微，但是如果违反被害人的意思而进行追诉，反过来可能侵害到被害人的名誉。③ 大塚仁也认为，承认亲告罪的理由，有些情况下是想在犯罪性质上尊重被害人的名誉，有些情况下是想对比较轻微的犯罪顾及被害人的意思。

因此，德国理论界普遍认为授予被害人告诉权来打破官方（追诉

---

①参见马克昌：《犯罪通论》，武汉大学出版社 1991 年版，第 41 页。

②参见甘雨沛、何鹏：《外国刑法学》（上），北京大学出版社 1984 年版，第 267 页。

③参见［日］野村捻：《刑法总论》，全其理等译，法律出版社 2001 年版，第 82 页。

犯罪）原则是以这三个理由为基础的：一是轻微思想，意即犯罪的较小的意义，例如在第 123 条情况（破坏居住和平罪）；二是和解思想，意即易庭外解决的行为人与被害人之间的密切的个人关系，例如第 247 条情况（同居和家庭之间的盗窃）；三是隐私思想，意即保护被害人隐私权免受刑事诉讼的侵害，例如第 205 条（使用他人秘密罪）、第 238 条第 1 款情况（诱拐、诱奸）。①

但是，也有学者对上述观点提出质疑，没有哪一种思想可构成被害人的权利的基础，通过提出告诉才开始刑事诉讼程序。理由是：(1) 如果确实涉及轻微犯罪，应当根据客观标准，而不是根据被害人的意愿，来对刑事追诉的必要性作出决定；(2) 行为人与被害人之间的和解不能通过被害人的告诉权得以促进，而免于追诉或免于处罚可能成为和解的结果；(3) 在刑事诉讼中公开私事（例如在医生侵害他人秘密的情况下，第 203 条规定侵害私人秘密罪）所造成的损害将大于犯罪本身所造成的损害时，则需要对被害人进行保护。但是在此，告诉权也不是适当的手段，而是在这种（及类似的未被告诉权所包括的）情况下应当给予被害人申请中止诉讼程序的可能性，由法院在权衡隐私利益与公开澄清犯罪嫌疑利益后，对中止诉讼程序作出决定。②

我国有学者认为，确定某行为是否为亲告罪，可以从以下两个方面入手：其一是从行为的社会危害程度大小出发；其二是从被害人行使告诉权的便利与否出发。只有对这两个方面进行综合考虑，并联系刑法理论进行权衡取舍，才能一方面“防止因有些被害人为了获取补偿或者其他非正当利益而不起诉以致某些严重危害国家利益和公民权益的犯罪得不到追究的情况发生，从而使亲告罪制度的适用不会严重妨碍到司法正义”；另一方面使被害人有能力对起诉的事实提供证据，

---

①参见［德］汉斯·海因里希·耶赛克、托马斯·魏根特：《德国刑法教科书》，徐久生译，中国法制出版社 2001 年版，第 1083 页。

②参见［德］汉斯·海因里希·耶赛克、托马斯·魏根特：《德国刑法教科书》，徐久生译，中国法制出版社 2001 年版，第 1083 页。

实现其求刑权，“以免犯罪人借以逃脱应受的法律制裁”，从而达到科学划定亲告罪范围的目的。① 还有学者提出，虽然各国对亲告罪规定的范围不同，立法的根由也会有些差异，但对亲告罪的立法基础大致归纳为对被害人名誉权、隐私权的保护，行为人与被害人关系的恢复，其中，被害人自我决定自由的保护和保障是立法者设立亲告罪的着眼点。②

我们认为，首先亲告罪在性质上主要是对个人法益的侵害的犯罪，具有特别的恢复补偿的诉求，与刑事司法追诉具有认知上的差异；其次因其犯罪情节轻微，对国家和社会危害也较小，基于主权在民和权利保护的思想，让被害人在案件中享有完全的起诉决定权，积极寻求解决伤害的方式，有利于回复社会和法的和平。并且，相较于国家的介入干预，将更有利于纷争的解决，更有利于被害人获得所期待的正义。

2.1.2 被害人不告诉与被害人承诺（允诺）

目前学界在告诉的法律性质上没有太大争议，而对于放弃告诉的法律性质的观点却大相径庭。因此，探讨被害人告诉在犯罪论体系中的定位，重点是讨论被害人在不告诉或告诉之后又撤回告诉的情况下，侵害人的行为还是否构成犯罪的问题，首先要厘清被害人不告诉的相关刑法概念与违法阻却之关系。

当被害人对出现与侵害人的刑事纷争的不告诉（直接阻却侵害人的刑事责任）行为时，主要是源于被害人的承诺（允诺）、谅解（宽宥）、和解或者被强制等情况。不管何种原因，其使得被害人没有告诉，直接导致其与侵害人之间刑事纷争解决的非国家化、非刑罚化。

被害人的承诺，是指法益主体对他人以特定方式侵害自己可以支配的法益的行为所表示的允许。刑法中有关被害人承诺的理论，有其

---

①参见齐文远：“亲告罪的立法价值初探”，载《法学研究》1997 年第 1 期，第 143 页。
②参见李立景：《亲告罪要论》，中国人民公安大学出版社 2003 年版，第 157 页。

漫长的发展历史。罗马法学家乌尔比安在《学说汇纂》第 47 卷中写下了一句话“以被害人的意志所发生的东西，不是不法的”（nulla iniuria est，quae in volentem fiat)，后成为法律格言“对意欲者不产生侵害”(volenti non fit iniuria)。也即经承诺的行为不违法。被害人对亲告罪犯罪行为的不告诉与被害人的承诺的共同之处在于，被害人自动放弃了自己所属法益的保护权，自主处分了自己的私法益。

犯罪行为发生后，被害人因与犯罪人达成和解等原因没有告诉，即被害人对犯罪行为进行了宽恕或事后的同意（承诺)。被害人承诺阻却违法性在刑法理论上有“亏损法益说”与“法的目的说”之争。前者为麦兹格（Mezger）所倡导，认为被害人承诺的损害之所以成立阻却违法事由，是因为被害人自愿放弃了自己所属法益的保护权，把侵害性变为放任性，经国家承认或默认后，即成为正当行为，从而阻却违法性；后者为李斯特（Liszt）所主张，认为被害人承诺的损害是否阻却违法，应该根据法的目的性，即根据国家所保护的公共福利、生活秩序等目的加以认定。符合法的目的性就阻却违法，不符合就不能阻却违法。① 承认被害人承诺是适法行为的法理依据在于：所有市民在自己的生活范围内可自由处分，对人格权侵害的承诺被理解为具有阻却违法性的因素。与被害人承诺含义大致相同还有被害人允诺，被害人“允诺”是指被害人对于现存的犯罪行为的认可。被边沁认为是排除犯罪的有害性的第一种情况，即正当性的根据。“几乎适用于所有犯罪的一般的正当化，可归纳为以下几种：允诺、排斥大恶、医疗手段、政治权力、家庭权利。这些情况有时是某一罪恶不存在的证据；有时它们则表明罪恶已经被补偿，即以恶止恶。”边沁认为，在存在这样的认可的情况下，还有什么比假定事实上不存在罪恶或这一罪恶已得到有效补偿更自然的东西呢？因此，“我们只能承认律师的普遍定案原则：认可的人没有受到任何伤害。这一原则基于两

---

①转引自许永强：《刑事法治视野中的被害人》，中国检察出版社 2002 年版，第 107 页。

个非常简单的命题：第一，每个人都是自己利益的最佳法官；第二，没有人会赞成自认为对自己有害的事情。”①这一原则承认许多例外：强迫、欺骗、隐瞒、不履行诺言、精神疾病、醉酒和未成年。亦即当事人如果处于错误认识或缺乏处分能力的状态下处分自己的利益，其处分行为及结果是违背行为人真实意愿的，因而无效，其实质还是为了维护行为人的利益。

但是，随着近代刑法学的发展，对被害人承诺阻却违法性的适用开始受到限制。例如，自然法学派、黑格尔法学派和当代西方的法学理论认为，犯罪的本质是对个人权利的侵害，人可以放弃自己的主观权利，可以允许他人侵害自己有权支配的权利，但是，不能违背客观的共同意志。相反，历史法学派认为，刑法是国家秩序的历史表现形式，只应当服务于公共利益，它不是个别人能够支配的，从而原则上否定了被害人的承诺具有影响可罚性的意义。社会法学派则认为犯罪是对利益的侵害，在存在被害人的承诺时就没有利益被侵害，因此，被害人的承诺排除了行为（包括侵害生命和身体的行为）的违法性。

韩国学者在这个问题的认识上也有较大争议，对于被害人的承诺阻却违法性的根据在韩国有以下几种对立的见解。（1）法律行为说。法律行为说认为，被害人的承诺属于法律行为，故承诺赋予行为人以侵害的权利，其权利的行使阻却违法性。（2）利益放弃说。利益放弃说把被害人承诺视为法益所有人利益放弃的表征，认为拥有处分权的被害人自己放弃了被保护的利益时社会无介入的余地。不仅各个实体的法益而且其主体的处分权限也由构成要件保护，所以由被害人承诺使保护客体的一部分欠缺的见解也属于此。依该见解，承诺是指被害人放弃利益从而放弃刑法保护，此为德国通说和判例的立场。但是利益放弃说受到了以下批判：不能说明放弃主观利益为什么能够免除国家的客观利益保护义务？对于个人法益中的哪些法益（ 生命的承诺

①参见［英］吉米·边沁：《立法理论》，李贵方等译，中国人民公安大学出版社 2004 年版，第 316 页。

不能阻却违法性)？什么法益限制违法性阻却？(3) 法律政策说。也称为利益衡量说。法律政策说认为，被害人承诺阻却违法性是把基础放在法律政策性考虑上。即个人的不受妨害地行使自由在自由主义法治国家应以社会价值来予以承认，与法益保护的社会利益相比较认为个人自由更重要时，对于其侵害只要被害人承诺即可阻却违法性。法律政策说被认为是说明被害人承诺阻却违法性的根据的最为妥当的见解，目前在韩国占通说地位。(4) 相当说。该说主张，被害人承诺比照社会秩序整体理念被认定是相当的，故阻却违法性。但有观点批判它过于抽象。①

总之，就世界各国刑罚学者的共识看来，被害人承诺为阻却违法性，必须具备以下要件：(1) 对可处分的法益的承诺。被害人承诺侵害的法益只能是本人有权支配和自由处分的法益，即承诺人必须是法益的所有人，例如伤害罪、财产罪以及侵害个人人格权、名誉权、隐私权等属于个人法益的犯罪。因此，对于国家或社会法益的犯罪，不能由承诺阻却违法性。(2) 承诺的有效性需具备时间条件，承诺必须存在于行为前或行为时。即承诺必须是现实的，不能附加条件或预定时间。此外，被害人承诺的动机和目的的正当性、承诺人对承诺的认识能力也被考虑在内。

2.1.3　被害人不告诉与被害人谅解（宽宥）

如前所述，根据大陆法系刑法理论，被害人承诺为违法阻却事由，但是狭义上的被害人承诺不包括事后的承诺，因而被害人的不告诉不属于严格意义上的被害人承诺，因而不能成为阻却违法性事由。在英美法系国家，事后的承诺也不能成为辩护事由。被害人不告诉在刑法含义上应更接近于被害人谅解、被害人宽宥。在犯罪构成以违背被害人意志为要件的案件中，被害人宽恕能不能作为免罪的根据呢？回答是明确的：不能。因为行为人犯罪以后得到被害人的宽恕并不能

---

①参见李在祥：《韩国刑法总论》，中国人民大学出版社 2005 年版，第 237、238 页。

改变既成的犯罪事实。而且更为主要的是，刑事诉讼是国家行为。同样，被告人对被害人进行赔偿，被害人得到完全补偿，这种情况也不能作为免罪辩护的理由。①

与被害人宽宥含义相近的还有被害人谅解。依大陆法系构成要件理论分为符合性（该当性）、违法性、有责性递进式的几个阶段。被害人谅解是指在规定只有违反被害人的意思时才能实现犯罪构成的犯罪（如强奸罪、强制猥亵罪、非法入侵住宅罪）中，在被害人同意其法益的受到侵害时，才不得不阻却犯罪构成本身。这种由被害人承诺阻却犯罪构成该当性本身的情况，称为被害人谅解。② 故德国和韩国通说主张，把被害人的承诺分为阻却犯罪构成该当性的谅解和阻却违法性的承诺。但韩国最近亦有见解认为，把被害人的承诺均以满足犯罪构成的法益侵害的问题来把握，无须区分为谅解与承诺。保护可处分法益的刑法，本质在于对法益所有人的法益的自由支配，故承诺是法益侵害的自身问题而不是正当化的问题，存在被害人的承诺时虽然存在法益侵害但不存在不法构成要件的法益侵害，故结果无价值被淘汰从而排除了构成要件本身。身体的完整性、名誉或者个人的秘密等一定的法益与处分权人的意思无关而作为社会生活利益受到保护，成为根据宪法得到保护的利益，在该情况中，处分权人的承诺不过是一定条件下阻却违法性的违法性阻却事由，故认为应与排除犯罪构成该当性的谅解相区别。韩国《刑法》第 24 条规定："根据可处分人的承诺损害法益的行为，在法律没有其他特别规定的情况下不予惩罚。"③种种观点的理论根据可以简要说明为：其一，根据自由主义法益论，若不存在处分权的侵害则应不存在法益侵害；其二，因被害人承诺则应视为欠缺结果无价值；其三，被害人承诺作为违法性阻却事由是异质体；其四，谅解和承诺的区别也不明确。

---

①参见储槐植：《美国刑法》，北京大学出版社 1996 年版，第 127、128 页。

②参见李在祥：《韩国刑法总论》，中国人民大学出版社 2005 年版，第 234 页。

③参见李在祥：《韩国刑法总论》，中国人民大学出版社 2005 年版，第 234 页。

坚持将被害人承诺与被害人谅解区别的观点理由在于：首先，因处分权是法益与法益主体的关系而非法益本身，故应区别处分权的侵害和法益这一客观价值的侵害；其次，与处分相关而承认法益自身的侵害时，不能说不存在结果无价值；再次，刑法上的违法阻却事由不能以一个原理来解决而具有多样性；最后，应区别一般许可和例外许可的情况。所以，谅解不仅是违法性阻却事由，这一点上应与被害人承诺在犯罪体系中相区别，且有必要注意在其要件上也存在差异。①

而在我国学者看来，犯罪构成与违法性完全是统一的，即行为符合犯罪构成就具有刑事违法性，行为不符合犯罪构成就不具有刑事违法性。因此，排除犯罪构成符合性的事由与排除刑事违法性的事由是完全一致的，或者说，不可能存在两类不同的事由。② 因此，区分阻却犯罪构成该当性的谅解和阻却违法性的理论在我国没有实体意义。

我们认为，广义上的被害人承诺包括事后同意、被害人宽恕，而这些在实践中都属于亲告罪中被害人不告诉的起源，因而被害人承诺与阻却违法性的理论，特别是承诺的被害人必须是法益的所有人，所承诺的内容系其可处分的法益，等等。这些理论对于被害人告诉才处理的亲告罪，在立法与实践中具有一定的借鉴意义。

总之，在被害人承诺理论上，大陆法系认为，被害人承诺阻却违法性，英美法系认为，被害人同意可以成为一般犯罪的辩护事由；两大法系一致认为，事后的承诺（被害人宽宥）不能成为辩护理由。即，一般认为承诺的有效需具备一个条件，即承诺必须存在于行为前或行为时。并且，行为前的承诺必须是没有被撤销或撤回或没有出现变更，否则不再有效。但封闭式的理论往往会为不断前进的实践所突破。我们认为，被害人承诺与阻却违法性的理论，特别是承诺的被害人必须是法益的所有人，所承诺的系其可处分的法益，对于被害人告

---

①参见李在祥：《韩国刑法总论》，中国人民大学出版社 2005 年版，第 235 页。

②参见张明楷：《刑法格言的展开》，法律出版社 1999 年版，第 255 页。

诉才处理的亲告罪，在立法与实践中具有一定的借鉴意义。广义上的被害人承诺包括事后同意、被害人宽恕，而这些都是亲告罪中被害人不告诉的起源。

从实践上看，在美国，被害人同意、被害人有罪、被害人宽恕与和解，虽然除个别例外一般都不能作为合法辩护的根据，但是这些情节对刑法的实际执行部门常常产生重大影响：警察可以决定不逮捕，检察官可以决定不起诉，法官或陪审团可以决定不判罪。他们这样做的理由大致是：(1) 法律所防止的损害没有发生；(2) 控诉、定罪、判刑没有多大意义，反而可能对侵害人与被害人双方现存关系带来不利影响；(3) 可以把刑事司法系统的有限力量集中用来对付那些严重危害社会的犯罪。①

事实上，被害人的谅解或是宽宥，大多数是基于对刑事纷争予以和解的考虑。有关和解的法律条款，通常被认为有助于减少诉讼，增进和睦。犯罪行为发生后，由于被害人与犯罪人达成和解等原因而没有告诉，即被害人对犯罪行为进行了宽恕或事后的承诺，而这里事后的承诺与宽恕显然具有阻却违法性的效果。在美国有少数几个州，如堪萨斯、密执安、俄勒冈等州对少数几种比较轻微的犯罪，许可私下和解（settlement），认为这样处理也许比国家干预更好些。例如，诱奸之后双方结婚（和解）就无须再判罪；通奸犯罪的受害配偶表示宽恕，国家可以不必再追究刑事责任。大约有 10 个州有范围较宽的和解法，它包括大多数（甚至全部）有民事赔偿的轻罪，但是对和解的条件规定得比较严格，例如，规定被害一方必须亲自到法院声明已经获得赔偿并同意和解，这样方可停止诉讼。当然，即使是对于轻罪和解也不是万能的，假定一个人酒后开车撞伤了人，甚至撞死了人（过失），可以根据和解法用金钱赔偿来代替刑事惩罚。但假定他没有撞伤任何人，由于没有具体的被害人，则没有和解机会，反倒可能被定罪判刑。这显然不合情理。因此，赋予被害人对刑事事件的处分

①参见储槐植：《美国刑法》，北京大学出版社 1996 年版，第 127、128 页。

权的同时还需考虑相关问题。

2.2　被害人告诉与可罚性

关于可罚性的定义与犯罪密切联系，一般认为，犯罪是被科处刑罚的行为，所以，值得科处刑罚的这种属性即是可罚性。刑法理论界对可罚性阻却事由事实存在并能阻却刑罚的适用一般不存在争论，但对可罚性的地位和性质往往意见相左。其主要分歧在于可罚性究竟属于构成要件体系范畴还是属于构成要件体系范畴之外，如果“作为体系范畴的可罚性”，则不包括被害人告诉等“诉追可能性”要素；[①] 如果在传统的犯罪成立要件体系之外探讨可罚性的，则应与被害人告诉等刑罚处罚阻却事由相关联。

2.2.1　可罚性在犯罪论中的地位

所谓可罚性，是指“实施犯罪过程后应该受处罚的状态，或者说是联系犯罪及犯罪后果的‘桥梁’”。[②] 对于可罚性的地位和性质，刑法理论界主要存在三种观点：第一种观点是刑罚处罚阻却事由说，认为狭义的可罚性不是犯罪成立的要件，只具有阻却刑罚处罚的性质；第二种观点是犯罪成立构成要件还原说，认为可罚性是决定行为的犯罪性的条件，可罚性应还原到犯罪构成要件之中，无独立提出必要；第三种观点是犯罪成立独立要件说，认为可罚性是独立于犯罪成立规范之外的，是继构成要件符合性、违法性和责任之后的第四个犯罪成立要件。[③] 其中，第一种观点和第三种观点影响最大。

---

①作为犯罪成立的第四要件的可罚性，即“作为体系范畴的可罚性”，它是在构成要件符合性、违法性和责任之外，对行为进行的“值得处罚”这种实质的评价。这里的可罚性属于实体刑罚的范畴，与“诉追可能性”不同。诉讼前提（例如，刑事告诉）和诉讼障碍（例如，赦免）这些决定诉追可能性的要素，只影响诉讼程序的进行，不影响犯罪的成立，对其存否无须进行实体的裁判。参见赵秉志：《外国刑法原理》，中国人民大学出版社 2000 年版，第 174 页。

②参见［意］杜里奥・帕多瓦尼：《意大利刑法原理》，法律出版社 1998 年版，第 385 页。

③参见赵秉志：《外国刑法原理》，中国人民大学出版社 2000 年版，第 174－177 页。

在刑罚处罚阻却事由说看来，犯罪成立是行为具有可罚性的前提，作为“观念刑罚权原则上与犯罪的成立同时发生”的例外，一定事由的不存在被规定为处罚条件，这种事由的不存在称为处罚阻却原由。所谓“一身的处罚阻却事由”（行为人的刑罚排除事由）或客观的可罚性条件同犯罪成立没有联系。客观的可罚性条件虽然是可罚性的实质前提，但是它独立于违法要件和责任要件。有学者又将可罚性阻却事由与犯罪成立阻却事由合称为“广义的刑罚阻却事由”，而狭义的刑罚阻却事由则不触及行为的犯罪特征。①

日本刑法学家板仓宏进而把广义上的可罚性区分为当罚性及要罚性，并认为，当罚性是实质的可罚性，它说明行为本身受处罚是相当的（处罚相当性）；要罚性及与刑事制裁的补充性要求，说明为了实行一般预防和特别预防目的刑罚是有效的并且是必不可少的。没有当罚性，犯罪不成立，没有要罚性，刑罚被阻却。板仓宏指出，“虽然这种要罚性以当罚性为前提，但是，实质上是与当罚性不同的概念。对具备构成要件符合性、违法性、有责性这种传统的犯罪成立要件，也因为不存在要罚性，而开辟了处罚阻却的途径。另外，与犯罪行为没有直接关系的事情和犯罪后的事情等不能左右犯罪成立的事情也是判断要罚性的资料”。② 可见，被害人的宽恕行为可以划为“要罚性”一类，虽然不能否定具备传统的犯罪成立要件，否定其“当罚性”，但却可以阻却刑罚的发生。

犯罪成立独立要件说直接涉及犯罪概念与可罚性的关系，主张“‘犯罪’是符合构成要件的、违法和有责的行为，并是具备可罚性的行为。”日本刑法学家庄子邦雄作了明确的阐述：“通说把犯罪定义为符合构成要件的违法而且有责的行为，认为行为外的要素是与犯罪的成立要件相分离的可罚性的要素。即认为客观的处罚条件或者人的处

①参见［德］弗兰茨·冯·李斯特：《德国刑法教科书》，法律出版社 2000 年版，第 171 页。

②参见赵秉志：《外国刑法原理》，中国人民大学出版社 2000 年版，第 174、175 页。

罚阻却事由是存在于犯罪这一实体的要素之外的为了发动刑罚的实体的要素。”但是，“应该以与刑罚权的发动密切相联系来考虑犯罪的实质，在刑罚权发动时才认为成立‘犯罪’”。即“站在应该使行为与行为人有机地联系以决定作为整体的‘刑事责任’的立场来考察，在减轻、免除刑罚的情况下自不待言，在没有进行刑罚量定的刑罚权发动的抽象可能性阶段，也不斟酌行为外的要素就造出犯罪这一实体，必须说是明显无视了‘犯罪’的实体。”① 虽然刑罚阻却事由说是德日的通说，但它难以回答为什么不存在“可罚性”或者“要罚性”时也成立犯罪，割裂了“可罚性”与“犯罪性”，妨碍了从刑罚处罚的角度对犯罪的成立范围进行实质的界定。

一般来讲，可罚性阻却事由包括两方面的因素：一是客观的处罚条件；二是一身的处罚阻却事由（行为人的刑罚排除事由）。一身的处罚阻却事由是指“在不法和责任之外的与行为人个人相关的从一开始就排除可罚性或者在事后取消可罚性的各种情况”。在内容上，“一身的处罚阻却事由”可以包含不同性质的情形，“有的是从刑事政策的理由否定有责行为和因此是当罚行为的要罚性，有的是本身已经完全存在的要罚性必须向其他的国家利益让步”。总之，这些可罚性要素属于实体刑法，应在犯罪论中讨论。有学者主张，从刑事政策的合目的性出发，应该重视可罚性即刑罚适合性在认定犯罪成立上所具有的意义，只有将可罚性纳入犯罪概念之中，才能使犯罪概念具有区别罪与非罪的机能。②

我们认为，将可罚性概念纳入犯罪成立要件，在区分罪与非罪等问题上，固然一劳永逸，但既然处罚条件或处罚阻却事由是从某种（刑事）政策的理由方面被承认的，那么不同社会或者同一社会不同时期都会对刑事政策有不同的要求，如果要在犯罪论中充分考虑刑事政策的要求，这样的犯罪成立要件将变得弹性而灵活，显然背离法的稳定性和

---

①参见赵秉志：《外国刑法原理》，中国人民大学出版社 2000 年版，第 176 页。

②参见赵秉志：《外国刑法原理》，中国人民大学出版社 2000 年版，第 177 页。

确定性的本质特征。对犯罪的界定应与刑事政策区别开来，犯罪是对行为及行为人的规范性评价，而可罚性阻却事由是从刑事政策角度对是否具备适用刑罚的正当性和必要性所作出的评价。刑事政策的要求在于充分利用刑罚的功能作为达到目的的手段，并根据实际需要来调整强度。① 例如各国法律都规定：议员在各级会议上的发言和表决不受法律追究。从理论上讲，议员可能在议会发言中构成侮辱罪、诽谤罪、泄露国家秘密罪。而基于社会政策的考虑，对其犯罪行为不予追究。②

2.2.2 被害人告诉与可罚性阻却事由

在刑法理论中，刑罚权是指国家运用刑罚惩罚犯罪的权力，它属于国家权力的范畴。通说认为，国家刑罚权可分为制刑权、求刑权、量刑权和行刑权四个方面。其中，求刑权指刑罚请求权，仅指国家公诉机关代表国家控诉犯罪的权力，即公诉权。而亲告罪中的告诉权，应属于刑罚请求权的一种，只不过这是个人行使的刑罚请求权，仅代表个人控诉犯罪，不属于国家权力的范畴。但是这种刑罚请求权的实现，最终还要依赖国家的制刑权、量刑权和行刑权。因而，亲告罪中刑罚请求权与国家相分离，而其他权力仍属国家。亲告罪中的告诉权，实质上应是一种个人行使的刑罚请求权。由于亲告罪将国家对犯罪人的求刑权让渡给被害人，从表面上看，被害人的不告诉便成了阻却国家刑罚权发动的刑罚阻却事由。

一种观点认为，亲告罪中的诉讼阻却事由和其他可罚性阻却事由有着区别：可罚性阻却事由是由法律明确规定的，是国家对犯罪人刑罚的免除，亲告罪中的诉讼阻却事由是通过立法让渡其求刑权，能否追诉取决于被害人的意愿，具备可罚性阻却事由则刑事诉讼根本上不应发动，亲告罪却存在着刑事诉讼发动的可能性；亲告罪的诉讼阻却事由是立法出于保护被害人和实现刑法的谦抑性考虑，而可罚性阻却事由多是为保护国家利益及社会利益，基于刑事政策的需要，对部分

---

①参见［德］弗兰茨·冯·李斯特：《德国刑法教科书》，法律出版社 2000 年版，第 171 页。
②参见冯军：《刑事责任论》，法律出版社 1996 年版，第 291 页。

犯罪放弃其求刑权。[①] 也有学者主张，被害人的告诉应视为处罚的阻却事由。该观点认为，行为人即使构成了犯罪，行使刑罚权，还要具备一定条件。因为有的场合存在着妨碍刑罚权发生的一定事由，如告诉乃论的条件、时效消灭的条件等。

前一种观点建立在将被害人的告诉作为纯粹的诉讼条件的前提上，在形式上将诉讼阻却事由与可罚性阻却事由相区别。如果将被害人的告诉仅仅当做诉讼阻却事由，则无法回答在被害人放弃告诉或撤回告诉的情况下，其犯罪还成立与否？如果犯罪成立则又任由私人司法，其依据何在？等等问题。后一种观点认为被害人的告诉应视为处罚的阻却事由比较可取，但同时又主张“亲告罪是作为追诉的要件，必须具备告诉权者的告诉的犯罪”，含义不甚明确，如果认为亲告罪构成犯罪须以告诉权者的告诉为条件，即将被害人的告诉纳入犯罪构成要件，显然与通说认为的犯罪构成理论相冲突，并不妥当。

我们认为，亲告罪中的被害人告诉，应视为广义上的可罚性阻却事由，可以在立法上明确规定，既不与犯罪构成理论相冲突，又符合国家刑事政策的发展需要。广义上可罚性阻却事由的形式多样，应不限于被告人特殊身份等客观的处罚条件。有的国家直接在立法中规定允许被害人与侵害人双方和解，并因此免除或减轻对侵害人的处罚。例如，德国 1994 年的《预防犯罪法》规定：如果行为人致力于与被害人达成和解，对其行为全部或大部予以补偿的，或者为补偿而真诚努力的，可以免除刑罚或依第 49 条第 1 款的规定减轻处罚。如果行为人通过“极大的个人给付”或“个人利益放弃”，全部或部分地对被害人予以补偿的，同样可免除刑罚或减轻其刑罚。[②] 又如，俄罗斯《刑法》第 76 条规定：初次实施轻罪的人，如果他与受害人和解并弥

---

①参见杨高峰：“亲告罪问题研究”，郑州大学硕士学位论文，第 18 页。

②参见何鹏：《外国刑法简论》，吉林大学法律系 1982 年版，第 14—17 页；[德] 汉斯·海因里希·耶赛克、托马斯·魏根特：《德国刑法教科书》，徐久生译，中国法制出版社 2001 年版，第 1034 页。

补给受害人造成的损害，则可以被免除刑事责任。从国家明确放弃求刑权的角度看，这里的被害人与侵害人双方的和解，被害人放弃告诉，都属于可罚性阻却事由，类似于亲告罪的总则性规定。

2.2.3 告诉权行使与刑罚消灭事由

多数学者认为，亲告罪中被告人没有告诉或者撤回告诉的情形属于刑罚消灭事由。例如有学者认为，刑罚消灭意味着代表国家的司法机关不能对犯罪人行使具体的刑罚权。对于告诉才处理的犯罪，如果被告人没有告诉或者告诉后在判决确定以前撤回告诉的，导致刑罚消灭。① 还有学者指出，“告诉乃论之罪，有告诉权的人放弃告诉权，即使尚未超过追诉时效，刑罚请求权亦告消灭。”②

在告诉权人的行为（被害人不予告诉）与刑罚消灭的关系问题上，在经过一定的告诉时效后，被害人不予告诉，即刑罚请求权的消灭，但并不是消灭了刑罚权本身。有学者指出，“刑罚的消灭并不仅仅是针对特定犯罪所判处的刑罚归于消灭，而是刑罚权的某一项具体权能的消灭，从而导致刑罚不再存在。”③ 并且，在告诉权的不告诉和撤回告诉的情形下，根据亲告罪告诉才处理的原则，行为人即使构成犯罪，国家也无法对其行使刑罚权，这只是阻碍了国家刑罚权的行使，而不是消灭了刑罚权。正如德国学者认为的那样，“告诉权事实上是一个刑罚阻碍权，起决定性作用的是这样的可能性，即被害人不提出法律所要求的告诉权，或者撤回告诉权并以该种方式使得行为人免受处罚。”④

在亲告罪的问题上，告诉权人不予告诉这一事实状态可分三种情形：一是如果告诉权人出于真实自愿，则属于权利人放弃权利的行

①参见张明楷：《刑法学》（上），法律出版社 1997 年版，第 498、499 页。

②参见陈兴良：《本体刑法学》，商务印书馆 2001 年版，第 871 页。

③参见于志刚：《刑罚消灭制度研究》，法律出版社 2002 年版，第 26—28 页。

④参见［德］汉斯·海因里希·耶赛克、托马斯·魏根特：《德国刑法教科书》，徐久生译，中国法制出版 2001 年版，第 1084 页。

为；二是如果属于“被害人因强制、威胁无法告诉的”，根据《刑法》第 98 条规定，人民检察院和被害人的近亲属也可以告诉；三是如果是因为缺乏证据被法院说服撤回起诉或者裁定驳回起诉后，又提出了新的足以证明被告人有罪的证据再次提起自诉的，根据最高人民法院《关于执行〈中华人民共和国刑事诉讼法〉若干问题的解释》第 192 条的规定，人民法院应当受理。因此，笼统地讲，主张如果有权告诉的人不予告诉，即使尚未超过追诉时效，刑罚请求权亦告消灭的这种提法是不确切的。[①]

那么，如果被害人不告诉，其刑罚请求权消灭之后，被告人的行为还是否成立犯罪呢？目前理论界比较一致的观点是：在告诉权人不告诉或撤回告诉即放弃告诉权的情况下，被告人的行为仍然构成犯罪。也有学者对此提出质疑，其第一个理由是：“首先亲告罪的有权告诉人放弃告诉权，从刑事诉讼的结果来看，因为被告人（嫌疑人）无法被追究刑事责任，所以‘刑罚消灭’了，如此看来，将告诉权人放弃告诉权视为‘刑罚消灭事由’似乎并无不可。然而，‘刑罚消灭事由’在理论上被认为是以‘犯罪成立’为前提的，如此一来，尽管行为人由于还不构成犯罪，而‘刑罚消灭’了，它们仍然不宜被认为是‘刑罚消灭事由’。可是，如果将告诉权人放弃告诉权视为刑罚消灭事由，则行为人在告诉权人放弃告诉权的情形下依然‘犯罪成立’。而‘犯罪成立’的前提条件是行为符合犯罪构成，也就是犯罪构成事实的存在，它是犯罪构成符合性的刑事程序判决结果，而不是刑法分则所描述的犯罪构成的法律格式本身。因此，将告诉权人放弃告诉权视为刑罚消灭事由是不合适的，除非对刑罚消灭的必要前提‘犯罪成立’这一限制条件予以修正。”[②] 可见，这种观点是以假定告诉权人放弃告诉权的情形下不可能“犯罪成立”为前提，来反驳告诉权人放弃告诉权的情况下被告人的行为仍然构成犯罪，首先在逻辑上是不成

---

①参见李立景：“论告诉才处理的法律定位”，载《当代法学》2004 年第 3 期。

②参见李立景：“论告诉才处理的法律定位”，载《当代法学》2004 年第 3 期。

立的，并且通说认为行为符合犯罪构成各个具体要件便意味着“犯罪成立”，并不一定要刑事程序作出有罪判决结果来证明，“犯罪成立”在不同语境中有不同含义分属不同范畴，该观点混淆了刑法理论中的“犯罪成立”与司法程序中诉讼结果意义上的“犯罪成立”，并以诉讼结果上的犯罪是否成立来替换论证刑罚消灭事由所需要的刑法理论上的犯罪成立概念，显然陷入偷换概念的逻辑错误。

对被告人的行为仍然构成犯罪的观点提出质疑的第二个理由是告诉权人放弃告诉不属于刑罚消灭事由：从理论上看，不少中外学者在列举刑罚消灭事由时，并未将告诉权人放弃告诉视为刑罚消灭事由。并列举了有的法学辞典主张的六种刑罚消灭的法定原因：（一）刑罚执行完毕；（二）缓刑期满，在缓刑考验期限内没有犯新罪；（三）假释考验期内，无特别事故发生；（四）犯罪人死亡，刑罚权或执行权即消灭；（五）赦免；（六）超过时效期。[①] 日本学者福田平、大塚仁认为刑罚的消灭有两种：一是关于刑罚执行权消灭的原因为：行刑终了，假释期满，免除行刑，时效和犯人死亡等；二是判刑效力消灭的原因为：缓刑期满，法律上的复权（刑的消灭）等以及与上述两方面都有相关的赦免。[②] 并且法国、意大利学者对于刑罚消灭事由或消除刑罚的原因中没有包括告诉权的放弃，以及国内学者在编著外国刑法教科书时也未将亲告罪的告诉权人放弃告诉权列为刑罚消灭事由。[③] 但是上述刑罚消灭事由并没有区分刑罚请求权的消灭与刑罚执行权的消灭，而主要是关于刑罚执行权消灭的阐述。陈兴良教授在《本体刑法学》中指出，刑罚消灭就是各种有犯罪而无刑罚的特殊情形，对刑罚权消灭应作广义上的理解，包括刑罚请求权的消灭与刑罚执行权的消灭。刑罚请求权的消灭使得事实上发生的犯罪不再被追究责任，因

①参见栗劲、李放：《中华实用法学大词典》，吉林大学出版社 1989 年版，第 554、555 页；高铭暄：《刑法学原理》（第 3 卷），中国人民大学出版社 1994 年版，第 621、624 页。

②参见［日］福田平、大塚仁：《日本刑法总论讲义》，李乔等译，辽宁人民出版社 1986 年版，第 248 页。

③参见李立景：“论告诉才处理的法律定位”，载《当代法学》2004 年第 3 期。

而定罪权与量刑权同时消灭，刑罚执行权消灭只是刑罚请求权消灭的后果，因此也就不存在刑罚执行的问题。并将刑罚请求权消灭的事由归纳为以下五项：(1) 犯罪人死亡；(2) 追诉时效完成；(3) 告诉权放弃；(4) 法律的修改；(5) 赦免。[①] 可见，被害人告诉权的放弃意味着刑罚请求权的消灭，对亲告罪也就丧失了具体的可罚性，自然不存在刑罚执行的问题。

2.3　被害人告诉的刑法意义

衡量某个行为成立犯罪与否，除了根据现在通行的构成要件理论外，结合犯罪概念、犯罪的本质特征，考察该行为入罪的立法依据及司法意义，便于合理划分国家公权力介入公民私权利的边界，以规范国家刑罚权的正当行使。特别是对于那些在社会观念中或人们道德情感上有认识分歧、游离于出罪入罪边缘的犯罪。亲告罪便是这样一种犯罪。

2.3.1　亲告罪与犯罪阻却

（一）被害人告诉与犯罪概念

我国《刑法》第 13 条规定："一切危害国家主权、领土完整和安全，分裂国家、颠覆人民民主专政的政权和推翻社会主义制度，破坏社会秩序和经济秩序，侵犯国有财产或者劳动群众集体所有的财产，侵犯公民的人身权利、民主权利和其他权利，以及其他危害社会的行为，依照法律应当受刑罚处罚的，都是犯罪，但是情节显著轻微危害不大的，不认为是犯罪。"根据该条对犯罪概念的定义，犯罪的本质特征是社会危害性，因此，有观点认为，如果以亲告罪情节轻微为由允许被害人放弃告诉，即符合"但书"的规定，而符合"但书"的规定便有违犯罪的概念应不认为是犯罪，可见，这里的被害人放弃告诉应视为犯罪阻却事由，原来的犯罪便不再成立。既然不成立犯罪，又何来告诉与不告诉？因此，在厘清被害人告诉与犯罪阻却关系之前，有必要考察犯罪概念：

首先，犯罪概念有形式与实质之分，两者如何取舍乃是刑法理论

---

①参见陈兴良：《本体刑法学》，商务印书馆 2001 年版，第 870、871 页。

的一个重要问题。例如，我国台湾地区学者甘添贵教授认为，形式违法性者，乃以一定事态违反实定法之秩序为违法，所以违法性仅指违反实定法之规范，在刑法上也就是构成要件该当。而实质违法性则以一定事态违反共同生活之目的为违法，因而违法判断之基准乃求之于共同生活之条规。犯罪的形式概念，也就是犯罪的法律概念，意大利刑法理论认为，从法律规范角度分析，犯罪概念是被典型化了的抽象事实，或者就是刑法规范规定的犯罪构成；从现象角度看，犯罪是指社会现实中发生的那些具体的完全符合法律规定的所有构成要件的事实；就犯罪的法律特征而言，犯罪是按法律规定应受刑罚处罚的事实。① 犯罪的实质概念是从犯罪的社会内容上描述犯罪而形成的概念，也就是将犯罪表述为具有社会危害性的行为。

其次，犯罪的形式概念与实质概念的统一具有一定的虚幻性，将两者当做从不同视角观察犯罪，称为犯罪的司法概念与犯罪的立法概念更为可取。② 如边沁提出对犯罪概念的二元区分法：一是规范意义上的犯罪概念，基于罪刑法定主义原则，一般是指法律所禁止的行为；二是实质意义上的犯罪概念，是指一切禁止的恶。即“根据功利主义的原则，犯罪是指一切基于可以或者可能产生某种罪恶的理由而人们认为应当禁止的行为。”③

结合亲告罪立法来看，根据我国刑法理论通说，衡量一个犯罪成立与否的标尺是看其行为是否符合该犯罪的具体犯罪构成的四个方面，行为符合了刑法上的犯罪构成是发动国家刑事追诉程序的正当性所在。依犯罪构成理论，亲告罪显然完全成立犯罪，只是基于刑事诉讼上的原因（我国《刑事诉讼法》第 15 条规定，可以阻却刑事诉讼的发动和国家刑罚权的适用的因素有：犯罪追诉时效期限的届满，特

①参见陈忠林：《意大利刑法纲要》，中国人民大学出版社 1999 年版，第 69 页。

②参见陈兴良：《本体刑法学》，商务印书馆 2001 年版，第 148 页。

③参见［英］边沁：《立法理论——刑法典原理》，孙力等译，中国人民公安大学出版社 1993 年版，第 1 页。

赦令对刑罚的免除、外交代表的刑事豁免权、被害人的告诉或撤诉等）而排除国家刑罚权的适用。因此，一方面，亲告罪符合犯罪形式概念的特征，具有刑事违法性，换言之，符合犯罪的司法概念，在法律上产生国家追诉的可能；另一方面，当被害人放弃告诉或是撤回告诉时，在刑事政策意义上可认为该犯罪已不再具有实质意义，进而阻碍国家刑罚权的发动。

因此，正是在被害人有权并在事实上处分或支配了自己所属的法益层面上，有学者认为，告诉才处理的犯罪，如果被害人主动放弃告诉，司法机关不能直接干涉，自诉案件在审理过程中当事人可以和解。人民法院也可以调解、和解或调解时被害人是否宽恕，决定着自诉案件是否可以以追究行为人刑事责任的方式结案。因此，认为被害人事后的同意或宽恕在告诉才处理的案件中阻却犯罪的成立，是正当行为的一种。① 持反对意见者认为，“亲告罪当事人之间的纠纷在诉讼程序中可以通过赔偿、和解等民事方式解决，把民事违法行为当做正当行为显然是不恰当的甚至是错误的。”② 我们认为，亲告罪中，如果被害人主动放弃告诉，便将被告人的行为视为正当行为说是不正确的。如前所述，被害人放弃告诉，只是放弃了对被告人的刑罚请求权，使被害人不再具有可罚性，但是，这种可罚性属于广义上的构成要件体系之外的可罚性。因此，并不能因此推翻行为实施终了之时的主客观条件就已经确定的犯罪行为属性，只不过这时候被告人的行为不再符合刑事政策意义上的犯罪，对被告人不必再处以刑罚，而应谋求非刑罚化的处理方式而已。

（二）被害人不告诉与犯罪阻却

犯罪概念和刑事政策都属于不断发展变化的主观范畴的东西，仅从犯罪概念和刑事政策角度分析，还不能得出亲告罪中被害人告诉与犯罪成立与否之关联结论。

---

①参见王政勋：《正当行为论》，法律出版社 2000 年版，第 472 页。

②参见李立景：“论告诉才处理的法律定位”，载《当代法学》2004 年第 3 期。

无论是大陆法系的德、日犯罪构成理论，还是英美法系的犯罪构成理论都体现了刑事实体法和程序法相统一的一体化的司法定罪过程，而我国的犯罪构成理论是平面耦合式的，“犯罪构成等同于犯罪的成立”是理论界通说，我国犯罪构成评价方面的特征，是综合性的一次性评价的犯罪构成，这种一次性评价又具有多重意义，评价既是犯罪构成符合性的评价，又是刑事违法性的评价，也是有责性评价。[①] 因此，刑事违法就是犯罪，犯罪是应负刑事责任的行为，犯罪与刑事责任同在。有学者认为，这种犯罪构成理论体系没有反映司法的定罪过程，是基于刑法的静态性的、结果性的评价，根本没有把刑事程序法的内容考虑在内，它是刑事实体法话语霸权下的产物。行为与犯罪构成相符，不仅有形式上违法的意义，也有实质性违法评价的意义。如果认为告诉才处理的犯罪在告诉权人未告诉的条件下仍然构成犯罪，由于在这种情形下，案件缺少诉讼条件，这种对行为的有罪的评价也只能是存在于刑事程序之外的纯粹的观念意义上的“犯罪”，这种“犯罪的成立”并没有实质意义。因此，以亲告罪告诉权人不告诉，行为人行为仍然构成犯罪为前提的观点并不妥当，将不告诉称之为犯罪构成阻却事由不无不可。[②] 这种仅从有无“实质意义”角度来主张亲告罪中的被害人不告诉为犯罪构成阻却事由的观点，缺乏论证，理由显然也不够充分。

根据大陆法系刑法犯罪论体系，一个行为是否构成犯罪需要考察构成要件的符合性、违法性与有责性，定罪是一个递进的否定排除过程。刑事实体法上的阻却事由是基于刑事实体法的规定，从刑罚发动的正当性角度着眼而形成的一种客观条件，它包括犯罪阻却事由和刑罚阻却事由。大陆法系刑法对犯罪的评价过程是一个动态的反复评价过程。在这一过程中，违法性、有责性的缺失可以阻却犯罪的成

①参见李洁：“三大法系犯罪构成论体系性特征比较研究”，载陈兴良主编：《刑事法评论》，中国政法大学出版社 1998 年版。

②参见李立景：“论告诉才处理的法律定位”，载《当代法学》2004 年第 3 期。

立；然而犯罪成立后，并不意味着行为是可罚的。学界对犯罪阻却事由争论不大，一般都认为，犯罪阻却事由是从技术层面对犯罪作出的评价，行为具备构成要件该当性之后，违法且有责的行为即构成犯罪，可以说是一种价值无涉的规范评价。

从程序法的视角看，刑事诉讼阻却事由是依据刑事程序法的规定，阻却刑事诉讼发动的若干事由的总和。同犯罪阻却事由相比，有以下几个特点：其一，诉讼阻却事由存在的前提是行为构成犯罪并具备可罚性，而犯罪阻却事由从根本上阻却犯罪成立。其二，二者都可阻却诉讼的发动，具备了犯罪阻却事由，刑事诉讼便失去了发动的正当性基础，亦即根本上不应该发动；诉讼阻却事由是不需要发动诉讼，是基于刑事政策的一种功利性的考虑。① 我国的《国家赔偿法》对两种阻却事由也作出区分，该法第 15 条、第 17 条分别规定，对没有犯罪事实的人（具备犯罪阻却事由）错误拘留或逮捕的，国家予以赔偿，而对因诉讼阻却事由导致的错误追诉国家不予赔偿。

我们认为，刑罚阻却事由包含可罚性阻却事由和刑事诉讼阻却事由，刑事诉讼阻却事由是实体法意义上的犯罪向程序法上犯罪确认转化的又一次筛选过程，具备任何一个阻却事由均可终止诉讼程序，从而阻却程序法上的犯罪成立。有观点认为，亲告罪作为告诉才处理的犯罪，被害人的告诉是刑事诉讼发动的前提，在被害人没有告诉或撤回告诉的情形下，并不影响刑事实体法意义上的犯罪成立，但国家追诉机关不得发动追诉程序，更不能对之作出有罪判决。被害人的告诉是刑事诉讼阻却因素，虽然它能阻却刑事程序法意义上的犯罪成立，但并不影响刑事实体法上的犯罪成立。② 但是，亲告罪中被害人对应受处罚的行为放弃告诉，不仅仅是刑事诉讼程序的阻碍或终止，还是一种直接与价值判断关联的私人处分权的行使。因而被害人放弃告诉导致的诉讼终止并非真正意义上的诉讼终结，被害人应该还保有再次

①参见杨高峰："亲告罪问题研究"，郑州大学硕士学位论文，第 17 页。
②参见杨高峰："亲告罪问题研究"，郑州大学硕士学位论文。

提起告诉的权利。例如，在德国，如果缺乏必要的告诉或者刑事追诉已过时效期限的，不是宣告被告人无罪，而是诉讼程序因诉讼障碍被中止。许多在实践中具有重要意义的告诉乃论犯罪在没有被害人告诉的情况下，如果检察院认为加以追诉符合“特殊的公共利益”（参见德国刑法典第 183 条第 2 款、第 232 条第 1 款、第 248 条 a 、第 303 条 c)，通说认为，检察院对具有“特殊的公共利益”的决定，法院是无从审核的。由此，被害人的自由决定被检察官的自由决定所替代。①

如前一章节所述，可罚性阻却事由是独立于犯罪规范评价之外的，它同犯罪成立与否没有联系，它是犯罪成立后国家出于刑事政策考虑，从刑事立法上对犯罪的一种非刑罚化处遇方式。在现代刑法理论中，构成要件就是刑法法规所规定的犯罪类型。凡是应当受到社会伦理非难，应当受处罚的行为，都是刑事学上的犯罪类型。但刑事学上的犯罪类型（犯罪的特别构成要件)，并非都是刑法上的犯罪类型。只有经过立法者的选择取舍，规定为法律上可罚行为以后，才能成为刑法上的犯罪定型。② 因此，可罚性被认为是犯罪论体系上的一个评价阶段。根据德国刑法的规定，告诉权事实上是一个刑罚阻碍权，即被害人不提出法律所要求的告诉权，或者撤回告诉权（ 第 77 条 d)，并以该方式使得行为人免受处罚。这种刑罚阻碍权具有强烈的刑事政策意味，即国家不对侵害人处以刑罚，是因为被害人放弃告诉，从而使对侵害人处罚失去可罚性基础，被害人的告诉即成为可罚性阻却事由。正是这种可罚性，使犯罪构成概念完成从实体到程序的转变。德国刑法将告诉权和时效权吸收进刑法典，这一制度恰好说明了刑罚阻却事由与实体刑法密切的内在联系。

2.3.2 亲告罪与刑事责任

在刑事责任产生的时间问题上，我国主要存在两种不同的认识，

---

①参见［德］汉斯·海因里希·耶赛克、托马斯·魏根特：《德国刑法教科书》，徐久生译，中国法制出版社 2001 年版，第 1084 页。

②参见赵秉志：《外国刑法原理》，中国人民大学出版社 2000 年版，第 92、93 页。

多数学者认为，应以犯罪行为实施的时间作为刑事责任产生的时间；个别学者认为，应以法院作出有罪的判决作为刑事责任开始的时间。①刑事责任的终结也包含两种方式：一是刑事责任的实现；二是刑事责任的消灭。消灭方式与实现方式是不同的，前者是行为应当被依法追究刑事责任，但由于追究责任的前提不复存在，而无法追究刑事责任。

在亲告罪中，一般是采取不告不理的原则，犯罪行为发生之后，如果被害人因种种原由放弃了对侵害人的告诉或撤回告诉，国家便不再追究侵害人的刑事责任。但是，不能追究刑事责任并不等于没有刑事责任，刑事责任的存在是追究刑事责任的前提。只要行为符合了亲告罪具体犯罪的构成要件，抽象意义的刑事责任便得以产生，抽象刑事责任存在于犯罪人和国家之间的一种特定的法律关系之中。在这种法律关系之中，国家处于对犯罪行为及犯罪人进行否定评价和谴责这样一种法律地位，犯罪人则处于应当承担刑事法律后果的义务这样一种负咎状态。② 因而，刑事诉讼过程是抽象的刑事责任向具体的刑事责任转化的过程。对亲告罪而言，实际追究行为人的刑事责任还依赖于告诉的条件，如果告诉权人不告诉或者告诉以后又撤回告诉，那么，刑事责任就归于消灭，即使行为构成犯罪也不再追究刑事责任。有学者进一步指出，在法律责任上，“免责”同“无责任”或“不负责任”在内涵上是不同的，免责以法律责任的存在为前提，是指虽然违法者事实上违反了法律，并且具备了承担法律责任的条件，但由于法律规定的某些主观或客观条件，可被部分或全部地免除（即不实际承担）法律责任，不告不理意味着当事人不告，国家就不会把法律责任归结于违法者，亦即意味着违法者实际上被免除了刑事责任，属于不诉免责。③

刑事实体法学上的犯罪以行为符合犯罪构成为依据，体现了国家

---

①参见王晨：《刑事责任的一般理论》，武汉大学出版社 1998 年版，第 394、395 页。

②参见陈兴良：《刑事法总论》，群众出版社 2000 年版，第 351 页。

③参见张文显：《法哲学范畴研究》，中国政法大学出版社 2001 年版，第 142、143 页。

对行为人及其行为的一种静态的抽象评价，其承担的刑事责任只是一种观念上的抽象的刑事责任，而事实上的刑事责任的承担，则是刑事程序法意义上的犯罪及其法律后果，不仅包括抽象刑事责任，还通常伴随刑罚等刑事法律义务。行为构成了犯罪，再从犯罪过渡到相应的法律制裁，是出于一般预防的需要，因为这实际上是为了实现法定刑的威慑力，避免使其成为纯粹的摆设。①“刑事责任的开始有一个前后相续的过程，行为构成犯罪是行为人应当负刑事责任的开始；国家依职权追究犯罪或者告诉权人提出告诉之时，是追究刑事责任的开始；生效的有罪判决确定之时，是实际追究刑事责任的开始。”②犯罪的后果不必然是实际追究刑事责任，特殊情形下可以对犯罪不实际追究刑事责任。有学者指出，不追究刑事责任是指客观上存在犯罪和刑事责任，由于法定原因而没有使形成阶段的刑事责任转化为评价阶段的刑事责任。亲告罪如果没有告诉，或者告诉以后又撤诉的，追究刑事责任的条件便不具备，因而不处罚；在刑事诉讼法中“自诉和解”和“撤回自诉”仅仅是不诉诸司法机关实际追究刑事责任，并不能消除客观意义上犯罪和刑事责任的存在。③

通说认为，出于正义理念的要求，整个刑事责任基本原则的核心是限制国家当局滥用刑罚。对刑事责任基本原则的违反，也就是对个人权利的侵犯。因此，刑事责任的基本原则必须充分尊重个人权利。这里的个人权利包括法定权利和道德权利。④ 亲告罪是一种体现维护公民个人权利的特殊的犯罪，为了一般预防的需要而对之追诉，可能导致犯罪被害人更大利益的丧失。从刑事政策的角度出发，国家将亲告罪追诉权交与被害人一方行使，被害人不愿告诉或撤回告诉的，国

---

①参见［意］杜里奥·帕多瓦尼：《意大利刑法原理》，法律出版社 1998 年版，第 385 页。

②参见赵秉志：“刑事责任基本理论问题研讨”，载《中央政法管理干部学院学报》1995 年第 1 期，第 5 页。

③参见王晨：《刑事责任的一般理论》，武汉大学出版社 1998 年版，第 402、403 页。

④参见［美］道格拉斯·N. 胡萨柯：《刑法哲学》，谢望原等译，中国人民公安大学出版社 2004 年版，第 4 页。

家不得主动对犯罪人予以追诉。

2.3.3　告诉乃论与事实上的非犯罪化事由

虽然我国刑法中只有五个亲告罪，在罪名的数量上远远低于许多国家的立法，但对于生活中发生的亲告罪案件，在司法实践中被害人没有告诉的占绝大多数，这就在事实上出现了亲告罪等同于非犯罪化的处理效果。与此同时，其他事实上的非犯罪化事由在现有的犯罪论体系中面临无法解决的困境。

由于大陆法系犯罪论模式是递进式的犯罪构成体系，即构成要件该当性、违法性和有责性。通常满足构成要件该当性的行为就推定为犯罪，除非有违法阻却事由和责任阻却事由的存在。近年来，随着超法规的违法阻却事由和超法规的责任阻却事由的出现，使得在司法实践中法官能主动地运用自由裁量权，将那些在法律上没有予以非犯罪化的行为作除罪化处理。英美法系犯罪论被称为双层次的犯罪论体系，即本体要件和责任充足要件。而责任充足要件是一个开放的条件，使得英美法系的定罪过程能更好地体现出罪的功能。大陆法系和英美法系通过积极要件和消极要件的配合，实践着刑法的人权保障和社会保护机能。而我国的犯罪构成体系被称为耦合式结构，犯罪构成要件之间的关系成为一种共存关系，即一有俱有、一无俱无。[①] 各构成要素之间缺乏位阶关系，导致犯罪论体系基本上是一个入罪的结构，而不能很好地实现出罪的功能。尽管理论界承认并对期待可能性、允许危险等原则予以了充分的论证，但由于无法在现有的犯罪论体系中对其正确定位，导致司法中这些理论并没有得到承认。

事实上非犯罪化的困境由此产生。比如最近讨论较多的家庭暴力案件，在英美法系发展出了“受虐妇女综合征”，大陆法系利用“期待可能性”理论进行出罪化的处理。而在我国，由于这样的行为被认定为正当防卫尚有诸多的理论困难，又没有超法规的违法阻却事由的

---

①参见陈兴良：《本体刑法学》，商务印书馆 2001 年版，第 217 页。

存在，使得大量的家庭暴力案件的受害妇女在遭受了身体和精神痛苦之外还要深陷囹圄。除了同情之外，我们似乎找不到任何可以有所作为的方法，也使得我们的刑法成了一个毫无怜悯、不通人情的制裁工具。这是与刑法的价值相违背的。① 如果将家庭暴力列入告诉乃论的亲告罪中，较多考虑被害人的利益，可能就会较少发生这种由被害人成为被告人的现象。

①参见储槐植、薛美琴："刑法谦抑——由一则建议稿引发的思考"，载《云南大学学报》2005年第3期。

第3章　亲告罪的非刑罚化处理

3.1　非刑罚化的理论基础

3.1.1　刑罚的正当性质疑

刑罚制度自产生以来，一直被国家当做维护社会秩序必不可少的社会控制手段，以及社会治安综合治理的措施之一。自古以来，人们对司法实践中对罪犯适用残酷的刑罚习以为常，犯罪和刑罚观念在社会上根深蒂固，刑罚的正当性思考被掩盖起来，但在18世纪的欧洲，终于有了一位开明君主的提问的声音："既然我们不知道为什么要惩罚，还可以动用刑罚吗？"①

根据国外学者的研究，在刑法发展史上，关于刑罚的正当理由可以概括为三种理论。第一种理论是报应主义（talionic justiilcation），它是具体的，被限定在有具体受害人的犯罪，因而在没有受害人或受害人难以查证时，刑罚就无法适用。报应主义理论是原始的同态复仇的延伸，如罗马法中的叛国罪在判刑上重于其他所有犯罪，在教会法典中把赎罪的教义运用于刑法，受害人是上帝，犯罪是对神的不敬。报应主义的特征是：刑罚与加害行为的近似性，它惩罚的是回顾性的

①参见［斯洛文尼亚］卜思天·M. 儒攀基奇：《刑法——刑罚理念批判》，中国政法大学出版社2002年版，第86页。

已然犯罪。第二种理论是实用主义（pragmatic justiilcation），它强调刑罚的威慑、改造、再社会化和医疗作用，而不是强调刑罚的报应功能，它不是回顾过去的，而是前瞻未来，即未然之罪。第三种理论是绝对主义（categorical justiilcation）。它不仅包含该理论的明确的（康德、黑格尔）哲学影响，而且部分重复了赎罪观念，即冒犯上帝意味着原罪（犯罪）必须被惩罚，而不考虑其他的社会功利。它还包含了更为复杂的实用主义类型，像迪尔凯姆所强调的刑罚的作用在于维护公共情感，也就是把一般预防的实用主义观念延伸到刑罚的防止社会道德沦丧的功能（对社会整体的保护功能）上。①

上述三种理论的共同点在于假定犯罪是不可避免的，刑罚同样不可避免。其实质都代表着对现实的合理解释。实用主义理论最终确立了刑罚（在既定社会制度中）为什么是不可避免的，由此，它为刑罚的裁量提供了明确的标准，即“超过必要限度的刑罚就不再是合理的刑罚”这一原理。复仇主义和绝对主义实际上根本不是刑罚的正当理由，因为它们只简单地说，“他犯了法必须受到处罚”，只认为刑罚是一种必然，而没有说明判处刑罚的具体理由。

贝卡利亚的功利主义刑罚理论提出了维护刑罚的正当性理由（遏制犯罪）：“刑罚的目的仅在于：阻止罪犯再侵害公民，并警戒其他人不重蹈覆辙”，把刑罚的目的明确而简单地表述为一般预防和特殊预防，在这点上，现代刑法学并没有突破性进展。“然而刑罚作为一种社会实践，实际上并不能概括为如此简单的目的。如果道义在实际上降格为功利，那么刑罚的一般预防效果的实现非常困难。一个简单的例子是：如果惩罚犯罪的原因仅在于使人们产生对刑罚的恐惧，人们将会犯下更严重的罪行。”②当然，功利主义理论超越了刑罚不具有

---

①参见［斯洛文尼亚］卜思天·M. 儒攀基奇：《刑法——刑罚理念批判》，中国政法大学出版社 2002 年版，第 83 页。

②参见［斯洛文尼亚］卜思天·M. 儒攀基奇：《刑法——刑罚理念批判》，中国政法大学出版社 2002 年版。

选择性的理论窠臼，在某种意义上促成了刑罚观念的转变。

唯物史观告诉我们，任何思想家的观点都有其历史局限性，人们不可能突破当时现有的社会制度的局限去看问题。因此，这些刑法学家对为什么刑罚存在是第一位的，是否使刑罚合理化，并没有给出合理解释，更没有提供刑罚以外的替代方法。在今天看来，犯罪不仅仅是孤立的个人与社会利益的矛盾，犯罪作为一种难以根除的社会现象，可以从整体上归结为某种社会矛盾的集中体现。刑罚作为解决社会问题的一种手段，正好是另一种类的社会矛盾，或者是社会矛盾更高的发展形态而已。从社会效果上看，刑罚在其功用上只是一种社会控制的手段，一种社会治安综合治理的措施，因而刑罚不是不可替代的，探寻刑罚的替代方法也应该进入刑法学者的研究视野。

3.1.2　报应刑与目的刑检讨

（一）报应刑检讨

报应刑植根于人类根深蒂固的“善有善报，恶有恶报”的报复情感。19世纪的英国著名刑法史学家詹姆斯·史蒂芬（James Stephen）曾说：“报复情感之于刑法与性欲之于婚姻具有同样重要的关系，对罪犯处以刑罚是普遍冲动的合法发泄方式。”① 形象地说明了报应情感是人们根深蒂固的本能的对犯罪的心理反应。

报应刑作为一种系统的刑罚理论，主张犯罪是一种恶害（害恶），刑罚只不过是社会犯罪这种恶害行为的恶的反应方式，刑罚的意义和本质在于报应犯罪行为所造成的恶害，用刑罚所施加予罪犯的痛苦来均衡犯罪行为的恶害和罪犯的罪责，以实现社会正义。在报应刑看来，刑罚应当从所有预防犯罪的目的构想中解脱出来，而单纯作为对犯罪恶害的公正报应，刑罚的科处应当以犯罪为法律上的唯一原因，犯罪的恶害程度应当成为决定刑罚轻重程度的唯一依据。简言之，报应刑主张刑罪相报，有罪必罚，罚必当罪，其弊端在于只追求正义的

---

①参见 Sanford H. Kadish，Encyclopedia of Crime and Justice，The Free Press，p. 518。

恢复和人类报复情感的满足，不考虑刑罚的功利目的尤其是预防再犯的必要性。在报应刑思想指导下，罪必刑，刑即罪，法定犯罪圈和法定刑罚圈完全同其范围。主张罪刑均衡，犯什么罪就坐多少年牢，不讲犯罪人的个人特点，因此这是一种客观主义的立场。

在崇尚严刑峻法的中国古代社会，报应思想的弊端虽被统治者所考虑，但是统治阶级牢牢把刑罚权掌握在自己手里。例如，对于重大的刑事纷争，被统治阶级视为对其统治秩序的破坏，是不允许当事人"私和"（私下和解）的。"人们对于亲属被杀，可以有两类三种解决办法：第一，私己的解决方式，又可以分为：私下复仇解决；私下和解，包括接受仇人的道歉、许愿或经济补偿，甚至不排除加害者使用威胁办法而获得表面上的'和解'的情形存在。第二，是公的解决方式，告发到官府，经由官府的公断（定罪判刑）获得解决。法律的态度是禁止'私和'，即禁止受害之家属与加害者（或其家属）私自达成协议而不付诸官究的任何行为。"① 据《唐律疏议·贼盗》"亲属为人杀私和"条："诸祖父母、父母及夫为人所杀，私和者，流二千里；期亲，徒二年半；大功以下，递减一等。受财重者，各准盗论。虽不私和，知杀期以上亲，经三十日不告者，各减二等。——期亲被杀而私和者，徒二年半；大功被杀私和者，徒二年；小功被杀私和者，徒一年半；缌麻被杀私和者，徒一年。"一般说来，私和总是与接受仇家一定量的经济补偿为条件的，假如告官这种"公了"的解决方式能够解决被害方家属的经济补偿问题，就不会有私和案件的发生了，而这又是当时儒家的义利观所不能允许的。

（二）目的刑兴起

到了20世纪20年代，人们认为报应刑主义不能解决十分猖獗的犯罪问题，提出刑罚个别化的思想、目的刑思想以致教育刑思想，目的在于使罪犯能改过自新重返社会，以减少居高不下的犯罪率。其中

---

①参见霍存福：《复仇之在后世——法律完备状态下的复仇问题》，吉林人民出版社2005年版，第113页。

具有代表性的目的刑主义认为，无论刑罚对已然之罪的事后报应多么公正，都不可能改变犯罪行为已经发生这一事实，也不可能弥补犯罪所造成的恶害或者恢复犯罪行为发生前的原状，因而着眼于犯罪恶害程度的刑罚报应总是被动的、消极的、徒劳的。例如，李斯特指出："法的目的观念是内在的，这个法的目的观念是法的本体。……只有用刑罚目的观念来彻底约束刑罚权力，才是刑罚主义的理想。"①

从目的刑解释刑罚的目的就是预防犯罪，包括一般预防和特殊预防。通常认为，特殊预防就是预防犯罪人本人重新犯罪，亦即对犯罪分子适用和执行刑罚，是为了使犯罪人本人不实施犯罪行为。它通过惩罚、教育犯罪人，使其真诚悔过，弃恶从善，不再进行犯罪活动。一般预防，就是预防社会上可能的犯罪人实施犯罪，亦即通过适用刑罚，防止社会上的不稳定分子走上犯罪道路，包括三方面的内容：警告威慑可能实施犯罪的不稳定的潜在犯罪人；安抚被害人及其亲属，防止私力报复；教育和鼓励民众，稳定社会秩序。

在目的刑理论的发展中，不断补充进新的内容，一方面，目的刑主张，刑罚必须是达成社会防卫的合理目的的手段；另一方面，目的刑认为刑罚必须为防止具有社会危害性的人实施危害社会行为的目的服务，以每个罪犯的个别情况为标准来确定个别的刑罚。以菲利和李斯特为代表的目的刑论者，看到了传统刑罚对犯罪的被动的、事后的、消极的惩罚的功能局限，在积极倡导目的刑观念的同时，积极探索弥补刑罚功能不足的"刑罚替代措施"，提出了限制刑罚适用范围的犯罪的非刑罚处理和保安处分理论。在目的刑理论的倡导下，在反省以剥夺自由刑为中心的传统刑罚体系缺陷的基础上，各国刑法不同程度地规定了犯罪的非刑罚化处理的措施，从而大大限制了法定刑罚圈的范围，推动了世界性刑法改革运动中的非刑罚化运动发展。

---

①参见李斯特：《刑法的目的观念》，转引自甘雨沛：《刑法学专论》，北京大学出版社 1989 版，第 263 页。

（三）被害人与刑罚

通常犯罪会产生双重后果：一是对被害人的侵害，二是对国家和社会利益的侵犯。对于前者要求对被害人进行修复、赔偿，对于后者则要求国家刑罚的适用。

惩治犯罪人不仅是社会大众的需求，更是被害人的强烈愿望。刑罚的功能也应体现为三个方面：一是对犯罪人的惩罚与改造功能；二是对社会的威慑、教育和鼓励功能；三是对被害人的安抚功能。从被害人角度诠释刑罚的目的，就是指法律将被害人被侵害后的强烈的复仇愿望法定化，通过让犯罪人承担刑罚责任来消解。这种愿望的正当性是不可否认的，因为被害人受到犯罪侵害后，尤其是那些无辜的被害人，要求伸张正义、对犯罪进行惩治。被害人复仇愿望的满足首要是对犯罪人进行惩罚，对犯罪人进行制裁、惩罚和制裁正是报应刑的特征。被害人诉诸报应刑来惩治犯罪人，经历了从私力救济到公力救济的演变。在惩罚的程度上，被害人诉诸报应刑经历了由等害报应到等价报应的蜕变。所谓等害报应，就是追求被害人所遭受的伤害与犯罪人所经受惩罚之间的一一对应性，一定程度上反映了对刑罚公正和对等的向往，但不免有形而上学的缺陷。而现代以来的等价报应取代了等害报应，反映了现代刑法中的罪刑相均衡的思想。在惩罚的方式上，被害人诉诸报应刑经历了由身体刑向自由刑的转变。伴随着报应刑由等害报应到等价报应的转变，在惩罚犯罪人的方式上也经历了由以人的肉体为摧残施刑对象的身体刑和生命刑向自由刑的过渡，体现了惩罚方式的文明性。虽然目的刑从根本上也体现了被害人的利益，如预防犯罪人再犯有助于保护被害人免受再次伤害或者其亲属受到犯罪的侵害，但目的刑与被害人复仇心理之间的联系无疑不如报应刑与之联系得那么直接和明确。因此，报应刑的产生更有其原始的生命力，它突出体现了被害人的复仇需要。

但是，应该看到，无论刑罚制度如何文明，刑罚目的理论如何解释，都不能真正从被害人的利益角度考虑。被害人在受到侵犯后主要会产生两种被害心理：一是复仇（vengeance）的愿望；二是获得赔偿（compensation）的愿望，如何满足这两种心理需求是刑事司法的重要任务。① 立法者在考虑刑罚目的时应考虑被害人方面的需要，而不能从国家或社会的角度出发。“刑法通过对行为人实施刑罚的制裁方法，虽能有效遏制和预防严重的侵权行为的发生，并恢复正常社会秩序，但刑法并不能对不法犯罪行为的受害人提供补救，因此对权利的保障作用是极为有限的。”②所以，被害人赔偿心理的满足主要依赖于民法和民事程序，例如《德国民法典》第 823 条规定：因故意或过失不法侵害他人的生命、身体、健康、自由权或其他权利者，对被害人负损害赔偿的义务。

3.1.3　非刑罚化趋势探析

（一）非刑罚化理论基础

非刑罚化运动作为当代刑法改革的主题之一，是目的刑主义刑法思想对报应刑主义思想论战的产物。所谓非刑罚化，是指尽管行为构成犯罪，依法应当追究刑事责任，但在决定对犯罪行为的反应方式时，严格控制对犯罪行为适用刑罚条件，在能不适用刑罚、采取其他非刑罚处理手段也能达到预防和控制犯罪的目的时，即排除刑罚的适用，改用非刑罚处理手段。德国当代著名刑法学家汉斯·海因里希·耶赛克曾经指出，现代刑事政策在怎样处理犯罪以及应该采取什么方法和手段来战胜犯罪方面，大致已经形成了以下三个共识：第一，立法者为了避免不必要地将某些行为规定为犯罪，同时也是为了在一般人的思想上维护刑罚的严肃性，必须将刑法所归罪的行为范围限制在维护公共秩序所必需的最低范围之内。第二，因为大部分人都是正常

---

①被害人情绪的平复在古代报应刑中被充分考虑，梅因在《古代法》中指出，古代立法者认为如果让被害的财产所有人自己处理，则在他盛怒之下所拟加的刑罚必将和窃盗在一个相当长时期后发觉时他所能满意的刑罚完全不同；法律刑罚的等级就是根据这个考虑而调整的。——他们完全确信被害人的冲动是他有权要求报复的正当标准，并且他们正确地摹仿他情感的升降以确定他们的量刑标准。

②参见房保国：“犯罪与侵权——从被害人视角对传统犯罪观念的反思”，引自北大法律信息网。

发展的，所以，对于有轻微甚至中等程度的犯罪行为的人，应当扩大在自由状态中进行考验的办法。犯罪暗数的研究不仅揭示了犯罪的普遍存在，而且发现，同导致人们陷入重罪的诱惑力相比，公民对法律的忠诚更强有力。只要人们对那些现实地威胁法律所保障的和平的严重犯罪还保有免疫力，就不应当认为公共安全受到了威胁。因此，对于有轻微甚至中等程度犯罪行为的人，应当扩大采取在自由状态中进行考验的办法。第三，应当使警察和司法机关的工作集中于较严重的犯罪，至于轻微的犯罪则委托给行政机关通过简易程序予以处理。① 耶赛克教授的这一论述实际上勾勒出了当代世界性刑法改革运动的一大原则——刑法谦抑和两大主题——非犯罪和非刑罚化。

在现代刑法思想和刑事政策影响下，非刑罚化与非犯罪化运动已经成为席卷世界多数国家的刑法改革运动的主题，对各国传统刑法产生了重大而深远的影响。其中，非刑罚化对传统的报应性刑罚提出了根本的挑战，改变了人们长期以来固守的有罪必罚的报应观念，推动了社会对于犯罪和罪犯的态度的改变，同时也节约了国家刑罚资源的投入，使现代社会对付犯罪的反应方式在趋向多样化的同时，更趋向人道、文明、经济的选择。各国对轻微犯罪以及中等严重程度的犯罪广泛适用非刑罚制裁措施的实践效果表明，社会对这些不严重威胁社会秩序和公共福利的犯罪采取较以往更为宽容的态度，并没有导致犯罪率的明显上升。相反，由于非刑罚制裁措施的独立或辅助适用，在很大程度上避免了传统刑罚特别是短期剥夺自由刑的种种弊端，从而有效地控制了一段时期以来累犯率和再犯率明显上升的局面，总体上保持了犯罪形势的相对稳定，基本上将犯罪控制在社会所能容忍的限度之内。

也有学者提出，非刑罚化运动代表了现代社会宽容轻微犯罪的最新趋向，但是，不能因此认为非刑罚化已经成为现代西方刑事政策的

---

①参见［德］汉斯·海因里希·耶赛克：“世界性刑法改革运动概要”，载《法学译丛》1988 年第 3 期。

主导方面。事实上，基于目的刑观念和成本—效益观念的现代西方国家的刑事政策，在强调对轻微犯罪甚至一般犯罪非刑罚化的同时，也十分重视集中有限刑罚资源严厉惩罚严重犯罪。前者代表了现代西方国家刑事政策中“轻轻”的一面，后者则代表了现代西方国家刑事政策中“重重”的一面。①

但是，总的说来，受刑法泛化、刑法万能和重刑主义等法律文化传统的影响，我国刑事立法和刑事司法并没有对非刑罚化运动给予足够关注，立法上的非刑罚处理措施没有形成一个系统、完整的刑法制度，司法实践中用非刑罚处理办法替代刑罚处理轻微犯罪案件的案例更是凤毛麟角。② 任何一项制度只有具备可变通性才能具有生命力，刑罚制度在面临非刑罚化趋势下更应如此。当然，应该有一种最低程度的压制手段，其程度为维持社会正常秩序所必需。当压制程度为最低时，压制手段的宽和问题（刑罚的威胁）就不复存在，刑罚的灵活性已经达到足以维持社会秩序的稳定。③因此，我们的刑事立法和刑事司法在确定对犯罪的反应方式时，应当对不同侵害性质和危害程度的犯罪实行区别对待，该重的重，该轻的轻，对于性质、情节和后果都比较轻微的犯罪则尽量不用刑罚手段予以调整，这样才可能以最少的刑罚资源投入达到最大的控制和预防犯罪的效果，从而使我国刑法的运行实现效益最大化。

我国当代的经济基础已基本实现了向市场经济的转轨，而市场经济是法治经济，刑事法律虽然仍是必不可少的，但各种经济关系与经济矛盾主要还是应通过市场的自发调整解决，因而刑事干预就必然退

①参见杨春洗：《刑事政策论》，北京大学出版社1995年版，第420页。

②近十多年来，严峻的犯罪形势迫使立法者不断制定强化刑罚制裁力量的新刑事法律，司法实践中则根据这些刑事法律广泛适用重刑和死刑，但居高不下的犯罪率和大案要案率并未因严峻刑罚而得到有效遏制。实践中形成了刑不压罪、犯罪量和刑罚量螺旋式地恶性上升、刑罚投入几近极限而刑罚效益却急剧下降的罪刑结构性对抗局面。

③参见［斯洛文尼亚］卜思天·M. 儒攀基奇：《刑法——刑罚理念批判》，中国政法大学出版社2002年版，第89页。

居其次，让位于市场本身。如果用刑罚包打天下，势必破坏市场经济固有的规律，又会回到计划经济的法律工具主义时代，于是非刑罚化手段取代刑罚干预也就成为刑事政策改革的方向。

（二）非刑罚化实践

在司法实践中，检察机关对轻微刑事案件的不起诉处理也属于非刑罚化的种类之一。例如对于不起诉案件，尽管犯罪嫌疑人已构成犯罪，但绝大多数属犯罪情节轻微，被害人没有非常激烈的对抗情绪。一方面被害方的经济损失赔偿能够到位，另一方面犯罪嫌疑人的认罪态度好，悔罪表现诚恳也得到社会的同情。例如，对某市13个基层检察院2003年至2005年6月作出的相对不起诉案件进行了全面调查，被害人没有因检察机关作出不起诉决定而申诉，这样在一定程度上减少了被告人与被害人之间的对立，促进了他们之间的和解，对社会的稳定、和谐社会的构建均有积极的作用，起到了“严厉打击”所没有起到的作用。通过几年来的实践，该市的非刑罚化处理案件并没有使社会治安进一步恶化。一个最突出的例证就是经过非刑罚化处理的案件的被不起诉人，重新犯罪率为零。而同期经过刑罚处罚的罪犯重新犯罪率达到5‰以上，这显现了非刑罚化的积极效应。① 又如上海市长宁区法院近年来对未成年人罪犯实行“暂缓判决”的做法，即对已构成犯罪的未成年人，先予以定罪而暂缓判处刑罚，规定一定的暂缓时间，在法庭的指导下依靠社会力量进行教育改造，而后视改造情况给予从轻、减轻甚至免除刑罚，也属非刑罚化的具体表现形式之一。

事实上，在各国司法实践采取的非刑罚措施化改革中，社区矫正最能反映出整个刑罚制度由肉刑到监禁刑，再到非监禁刑的发展趋势。社区矫正是一种专门机关和社会力量相结合的刑罚执行方式，于20世纪70年代末首先在欧美国家产生，在国外的刑事司法实践中，它已经被广泛应用。目前英、美、日、澳大利亚、加拿大等国的社区

①参见李莉安、王东曙：“江西九江实践非刑罚化刑事政策调查”，载《检察日报》2006年2月10日第3版。

矫治已经比较成熟。这些国家已经建立了以社会服刑为塔基的金字塔形的服刑结构，监狱服刑位于金字塔的最上面。在美、日等少数保留死刑的国家中，死刑仅仅是一个很小的塔尖。我国也是执行死刑的国家之一，但我国的服刑结构是菱形的，中间是庞大的监狱服刑人群。仅就缓刑和假释两种行刑方式来讲，据 2000 年的统计，在加拿大社区矫治人数是监禁人数的 3.94 倍、在美国为 2.36 倍、在日本为 1.11 倍、在俄罗斯为 0.81 倍。在美国，法院对违法情节较轻微的犯罪嫌疑人大多判以“缓刑”，通过社区矫正的方法进行矫正，而并不投入到监狱服刑。如 1999 年底，全美共有被矫正人员 632 万人，而其中“缓刑犯”就有 377 万人，“蹲监狱”的只有 200 万人左右，只占全部被矫正人员的 30%。社区矫正不但在美国矫正制度中起到重要的作用，而且对美国的监狱制度也深有影响。每年都有大量的罪犯被从监狱“假释”到社区，由社区矫正办公室通过监视居住、监听电话、限制活动、定期汇报等方法具体负责罪犯的管理。①

对于社区矫正，我国不仅在理论上进行了一些深层次的探索，而且在实践上开展了一些有益的尝试。自 2002 年 8 月开始，北京、上海两地司法部门率先在辖区内的几个地区作为试点开始推广社区矫正工作。社区矫正制度是将被判处管制、被宣告缓刑、被裁定假释、被暂予监外执行和被剥夺政治权利并在社会上服刑的 5 种罪犯置于社区内，由国家专门机关和社会、民间组织在社区内对这些矫正对象进行犯罪心理、行为方面恶习的矫正。法院也将根据社区司法部门所提供的矫正对象在服刑期间的表现作出减免刑的判决，也将对于在服刑期间继续违法犯罪的矫正人员作出加重刑的判决，检察院也将对社区矫正工作的执行程序进行监督。据统计资料显示，上海先期试点的三条街道的 104 名矫治对象，至今无一人有重新犯罪的记录，北京、上海两地的社区矫正工作在试行过程中均取到了良好的效果。目前，有关方面已经呼吁全国人大制订出台一部“社区矫正法”，为全面开展社

①参见司法部预防犯罪研究所：《关于改革和完善我国社区矫正制度的研究报告》。

区矫正工作提供法律依据，加快我国刑罚制度的非刑罚化改革进程。

3.2 恢复正义理念及司法

3.2.1 以被告人为中心的传统司法观念的追溯：报应正义检讨

在原始社会，人类处于蒙昧状态，个人以自己的力量抗争大自然的考验和来自他人的威胁。如果一个人突然遭受了他人的攻击，他只能通过武力反击，将侵害者打败，然后以自己的方法处罚对方。为了生存，人们渐渐组成一定的部落，于是个人与个人的冲突演化成个人与群体、群体与群体之间的纠纷。当部落里的某个成员遭到他人的攻击时，整个部落都会认为自己受害，于是会向侵害者所在的另一个部落寻仇，甚至以毁灭另一个部落为目标。由于部落是以血缘为关系的结盟，这种解决冲突的方式被后人称为“血亲复仇”。在没有法律的社会形态下，如果将惩罚侵害者作为实现正义的基本表征，那么，这种以个人意志为基础的报复观念就是一种报应正义。报应正义（retributive justice）追求“以眼还眼，以牙还牙”的效果，追求被害人复仇心理的实现和愤怒仇恨的宣泄，追求犯罪人被判处监禁刑罚，从而实现社会的安定。按照霍华德·泽尔（Howard Zehr）的观点，“纵观西方的大部分历史，犯罪被理解为一个人对另一个人的侵犯，更像那些被视为‘民事’的冲突和错误。在这段历史的大部分时候，人们认为主要的反应必须是如何使事情变得更好；赔偿和补偿非常普遍，或许是标准的形式。犯罪产生了义务和责任，这通常需要通过协商的程序予以承担。”

在国家产生之后，“犯罪”的观念开始产生，最初犯罪是对国家的侵犯这一概念来源于对国王的侵犯，诺曼底人入侵欧洲大陆之后，为加强王权巩固统治，亨利一世在1116年发布了亨里西法（Leges Henrici），创造了“国王的和平”（king's peace）这一理念，确立了王室对于违反该法的纵火、抢劫、谋杀、伪造货币和暴力犯罪等特定犯罪的管辖权。对于那些违反了“国王的和平”的人就是反对他们的人，因此国王就成为这种犯罪的主要被害人，也就在法律上取代了实际被害人。[1] 犯罪作为“孤立的个人反对统治阶级的斗争”，侵害者不仅是被害人的敌人，也是国家的敌人。国家为保护正常的社会关系，必须介入公民之间的某些纷争，通过刑事司法程序对犯罪分子定罪、处刑，从而使正义得到伸张。在报应正义的框架下，犯罪被视为破坏国家利益的行为，国家代表个人实行有组织的报复，它强调国家以暴力对付犯罪。按照挪威犯罪学家尼尔·克里斯特（Nils Christie）的话说，国家通过法官、检察官等“治疗人员”和律师，“偷走了直接当事人之间的冲突，不仅取走了被害人的直接补偿，而且剥夺了被害人及其社区参与、更充分理解和标准区分的机会”。

在报应正义观念的影响下，刑事司法追求对犯罪人的惩罚，强调的是复仇（vengeance）、该当（desert）和刑罚（penalty）。这种以报应正义为价值目标的刑事司法模式，以实现报应和惩罚为主要目标，认为“惩罚能有效地谴责犯罪行为和要求为其赔偿，法院的量刑表达了公众对犯罪行为的反对和决定对它的惩罚”，因此，它本质是一种惩罚性司法（punitive justice），是一种法律上的暴力。但是，犯罪人虽然对国家承担抽象的刑事责任，却规避了对被害人所应承担的具体责任。“在目前的制度下，所有的权力被交给国家——法官、警察、监狱看守人。被害人和犯罪人被遗忘，他们感到无能为力；因为被害人从一开始就被排除在‘司法程序’之外，没有给犯罪人提供任何机会让他们为自己的行为和举动承担任何真正的责任。相反，现有的倾向仅仅是惩罚，承担责任和使事情再次变好这一对概念被忽略了。被害人和犯罪人被否定了权利和责任。”

因而，报应型司法被认为与野蛮的复仇理念相联系，与文明时代所倡导的人权理念不相和谐。“报应和复仇是国家对付犯罪的方法与刑罚的核心。它们在一个饥饿的国家形成了一种昂贵的、粗暴的、令人失望的和浪费的选择，伴随着巨大的社会问题和结构性的非正义。”

---

①参见房保国：“从复仇到和解——论恢复性司法中的被害人”，转引自北大法律信息网。

此外，在操作层面，报应型司法的弊端还表现在：监禁刑流弊颇多，不利于犯罪人回归社会。报应型司法的成本非常高昂：追诉犯罪和惩罚犯罪的整个刑事程序的成本高昂，诉讼周期很长（比如为了追诉一个盗窃200美元的案件，可能要耗费5000美元的刑事司法资源，同时当事人请律师也要花很大的费用），维持监狱的管理费用昂贵，国家往往需要花上千百万的钱财建造和维护新的监狱和旧的监狱，“比如在新西兰，看管一个需要采取最大安全措施的犯人国家每年要花70000美元，即使对于需要采取最小安全措施的犯人每年也要花24000—35000美元，这相当于每周每个犯人要花1500美元，也就是大约一天200美元。同样在美国，自1980年到1996年花费在监狱上的成本从每年70亿美元增加到了380亿美元，增加了4.43倍，从1992年开始有四个州花在监狱上的费用每年超过10亿美元。”对犯人的改造非常不力，重新犯罪率高，已经走进了一条死胡同（a dead-end street）。①

3.2.2 以被害人为中心的现代司法观念的发展：恢复正义缘起

现代司法观念认为，实现报复不是司法的唯一目的。司法正义还是一种矫正正义，即一个社会成员或一方当事人违反法律规范时，通过司法机关实行强制惩罚或对过失方作出赔偿、剥夺不当得利，从而使违法的正义得到纠正，使社会关系得到恢复。传统刑事司法制度是以保护被告人为中心的刑事司法模式，推崇国家权威，关心法律为什么被破坏和如何阻止其再次被破坏，主要集中于犯罪人而不是被害人。在这一制度模式中，被害人被完全边缘化，成为无足轻重的普通证人，仅仅被作为国家追诉犯罪的工具，它是一种国家决定型的纠纷解决方式。近年来兴起的恢复正义理论则强调：一是犯罪不仅是对法律规范的违反、对政府权威的侵犯，更是对被害人、社会甚至犯罪人自己的伤害；二是刑事司法程序应当有助于对这些伤害的弥补和恢

①参见房保国：“从复仇到和解——论恢复性司法中的被害人”，转引自北大法律信息网。

复；三是反对政府对犯罪行为的社会回应方面的权力独占，认为政府对犯罪行为人简单的处罚并不比授权被害人直接介入刑事司法程序以寻求冲突的解决更为重要。因而，从恢复正义理论角度出发，当犯罪破坏了加害人、被害人和社会之间的正常利益关系，恢复正义的任务就是在三者之间重建这种平衡，使得社会恢复和谐。①

恢复性司法理论发端于北美大陆，最早可以溯源于20世纪60年代少年司法系统内被害人和加害者调解程序。1974年，在加拿大安大略省基陈纳市，当时两个年轻人实施了一系列破坏行为，共损坏了22个被害人的财产。他们虽在法庭上承认被指控的罪行，但却没有交纳赔偿金的诚意。在当地缓刑机关和宗教组织的共同努力下，两名犯罪人与22名被害人分别进行了会面，通过会面他们了解到自己的行为给被害人造成的损失与不便，在6个月之后全部交清了赔偿金。这种被害人与犯罪人之间的和解程序被视为恢复性司法的起源。受此案鼓舞，此类案件日益增多，到20世纪90年代，恢复性司法在很多国家得到发展和应用。美国本来是一个极端崇尚刑罚的国家，在世界上有最高的人均监禁率，但现在，美国已有数百个被害人与加害者和解计划。美国的被害人与加害者和解计划有四种组织形式：一是与教会相关的调解组织，如美国第一个被害人与加害者和解计划就是由"门诺派教徒中心委员会"和"囚犯与社区联合会"共同组建的，现在一些被害人与加害人调解计划还是由各种教会赞助。二是以社区共同体为核心的私人非营利机构，"囚犯与社区联合会"就是一个这样的机构。在最初的时候，"囚犯与社区联合会"只为犯罪人服务，后来扩展到为被害人服务。三是一些以缓刑为主的机构，这些机构通常在执行缓刑工作的基础上聘请工作人员专司调解。四是纠纷和解中

①参见马静华："刑事和解制度论纲"，载《政治与法律》2003年第4期，第113页；刘方权、陈晓云："西方刑事和解理论基础介评"，载《云南法学》2003年第1期，第45页；John R. Gehm："Victim-Offender Mediation Programs: An Exploration of Practice and Theoretical Frameworks"。

心，它是在原来的社区纠纷和解中心（主要处理邻里纠纷）的基础上发展起来的。现在国际上较为通行的恢复性司法的定义是：恢复性司法是指在一个特定的案件中，关涉各方共同解决犯罪问题，处理犯罪的后果的过程及其对未来的意义。

恢复性司法是在对传统司法的批判上产生的替代性纠纷解决机制，它优于传统刑事司法之处就在于其强调的“恢复”功能，它不是着眼于对犯罪行为的惩罚，而是着眼于对被破坏的社会关系的修复，是一种合意型的纠纷解决方式。恢复性司法则使被害人成为司法体制的中心，强调被害人在程序中的主体地位，被害人对最终结果拥有完全的否决权。这有利于改善被害人和犯罪人之间的关系，消弭犯罪的不良影响。这种由被告人和被害人双方互动的刑事司法模式不仅给犯罪人通过承担责任免受刑罚之苦，获得悔过自新的机会，也会给被害人一种精神上的抚慰，使其日后能够从被犯罪侵害的阴影中走出，做一个正常人。恢复性司法通过使受害人、罪犯和社区复原而尊重每个人的尊严与平等，建立理解并促进社会和谐；它为受害人提供了获得补偿、增强安全感和寻求将事情了结的机会，使犯罪人能够深刻认识其行为的原因和影响并切实承担责任，同时使社区能够理解犯罪的根本原因，促进社区福利并预防犯罪；它还是对付不断发展变化的犯罪的一种对策，可以促使采取适应现有的刑事司法制度并与这些制度相互补充的一系列措施。美国的一份随机抽样调查表明，参加恢复性司法程序的青少年犯的再犯率为18%，而通过正规刑事司法系统处理的青少年犯的再犯率为27%。英国的一项对成年犯的调查也显示，通过恢复性司法程序处理的犯罪人的再犯率比正规司法系统处理的犯罪人的再犯率要低10%。由此可见，以恢复性程序结案的犯罪人再犯罪率非常低。

在恢复性司法理念中，犯罪被认为是对社区、被害人以及犯罪人自身的侵害。犯罪行为使社区人际和谐的秩序、社区内人们之间的信赖关系被打破，被害人的人身、财产利益受到切实的损害，而犯罪人自身也背负良心上的罪恶，对必定要遭受的惩罚充满了恐惧，因被社区孤立等带来的痛苦而饱受折磨。从社区、被害人、犯罪人三个维度探讨犯罪本质，可以找到以恢复正义的理念为指导的犯罪反应对策：减少由于犯罪而给被害人和社区带来的损害、威胁和挑战，以恢复因犯罪而被侵犯的权利，恢复公众的社会道德意识，加强法律秩序。

作为一项刑事司法革新运动，恢复性司法与报应性司法相比，其优越之处在于：(1) 报应性司法理论认为，犯罪是孤立的个人反对国家的斗争，为了报应和威慑而对犯罪强行处罚，强调惩罚、谴责，关注的是“是不是他的行为，应该如何处罚”，因而是回顾性的犯罪；恢复性司法理念认为，犯罪是个人对个人的侵犯，为了和解与恢复而促使双方当事人协商、赔偿，强调解决问题，关注的是“造成了怎样的后果，应该如何消除犯罪造成的影响”，是前瞻性的。(2) 在报应性司法模式中，犯罪被视为对法律的违反，犯罪人的责任被定义为接受刑罚处罚，犯罪人对国家负有“债务”，针对的是犯罪人的行为，不可避免地给犯罪人带来耻辱，依靠司法机关的运作。而在恢复性司法中，犯罪被全面理解，犯罪人的责任被定义为理解自己的行为造成的后果，并使因犯罪而恶化的情况好转，犯罪人对被害人和社区负有责任，针对的是犯罪人的行为所造成的损害后果，通过鼓励犯罪人积极地承担责任而消除犯罪带来的耻辱，依靠当事方的积极参与。(3) 报应性司法过程体现为国家和被告人的关系，被害人没有主体地位，犯罪只是被动地接受刑罚。而恢复性司法过程体现为犯罪人和被害人双方在调解人的主持下，通过协商讨论对犯罪的解决办法，被害人的物质精神要求得到尊重和承认，犯罪人被鼓励积极地面对自己行为所造成的损害并尽力消除这种损害。

恢复性司法从产生到现在，在世界各国有了长足的发展，并且被上升为一般的国际准则。联合国《为犯罪被害人和滥用权力的司法基本原则的宣言》第 7 条规定：“包括调解、仲裁和习惯性司法或者当地实践在内的非正式纠纷解决机制，应当被适当地应用于有利于促成协商和对于被害人的补偿。”恢复性司法同我国的刑事自诉案件中的调解也有相似之处，因而对于建构亲告罪等轻微犯罪纠纷解决范式具有借鉴意义，笔者将在后面的章节再加以详细阐述。

3.2.3 以亲告罪为主体的轻微犯罪解决范式：修复式正义探讨

恢复性司法作为一种替代性刑事司法范式，旨在修复犯罪给被害人、社区以及犯罪者本人带来的创伤，它以加害者和被害人之间的补偿性协商为基点，以被告人回归社会为终点，其在英美国家的兴起，凸显了传统司法忽视被害人权益、忽视社区关系之修复的弊端，因而其理念又被称为修复式正义。修复式正义被理解为良好的关系和理想的结果，相较而言，传统的报应性司法是以定罪和量刑为思维范式。研究表明，一般公众，特别是犯罪被害人，远不像人们想象的那么具有报复性，许多被害人非常支持旨在促成双方沟通的调解。修复式正义不再将犯罪片面地看做是对国家利益的侵犯，而是将之界定为个人对个人的侵害，侧重于社会成员之间关系的修复。在许多亲告罪犯罪中，加害者和被害人都是熟人，犯罪行为打破了特定的社会关系，被害人可能并不想单纯地对加害者进行报复，而是需要面对面地理解纠纷产生的原因，得到加害者的忏悔与弥补；加害者也有必要了解自己的罪行对他人造成的伤害，通过一定的补偿求得被害人的谅解。另一方面，修复式正义提倡犯罪人、被害人和社区之间的互动对话，而不必运用国家刑罚权和高成本的监禁刑来制裁犯罪，避免了动用刑罚权的不良作用，实现司法资源的最大节约。“刑罚作为抵制犯罪的法律手段，也与药品具有同样的效果，它必然的对于社会及个体具有某种程度的副作用。”① 刑罚被认为是一种恶害，刑事司法是以恶制恶，而恢复性司法是以具有建设性和恢复性的措施去修补犯罪造成的损害，以消除犯罪形成的恶，实现修复式正义。

修复式正义的重心在于对被害人的补偿。早在两百年前，边沁就指出，补偿的性质是对遭受损害所作的补救，是一种有效的回复方式。一旦涉及犯罪，补偿便是由于对被害人的权益造成损害而给予等

---

①转引自陈正云：《刑罚的经济分析》，中国法制出版社 1997 年版，第 274 页。

价的赔偿。当给予的补偿与犯罪所造成的损害相等时，补偿是完整的。犯罪对被害人造成的损害不同，如果损害重复发生，应当给予相应的补偿，这种补偿也是完整的。如果所补偿的不及所损害的，补偿则是不公正和不完整的。边沁认为，补偿包括两个方面或两个部分，即过去的补偿和将来的补偿。前者称做损害赔偿，后者则在于抑制罪恶。如果补偿的机制发挥了实际功效，罪恶得以抑制，法官在这方面就没有过多的工作。假如一笔钱款被盗，从归还其所有人那刻起，这种将来的补偿是完整的。但是为了弥补由继续犯罪所造成的眼前损害，归还钱款便仅仅是对过去的损害补偿。①

在边沁看来，补偿必要性成立的根据是补偿能够使事物恢复到犯罪之前的状态。如果发生犯罪，应当赔偿被害人的损失。就制止第一层次恶而言，这显然是必要的。补偿对制止第二层次恶更为必要。仅仅惩罚不足以实现这一目的。毫无疑问，虽然惩罚趋于减少犯罪的数量，但是数量虽有减少，可是绝不会消亡。作为犯罪总会刺激人的欲望，这种事实或多或少为人所知。人们总是在观察承担痛苦能够换取什么。如果为了消除恐惧的情绪，补偿应当和惩罚一样，与犯罪形影相随。如果对犯罪只适用惩罚，而不采用补偿措施，那么，尽管许多犯罪受到惩罚，但很多证据表明，惩罚的效力甚微。并且，必然给社会增加大量的令人吃惊的负担。②

也有学者认为，修复式正义，其实就是回复原始社会解决纷争的模式，对于理论所架构的小区是否能够存在于现今都会模式当中，也保持着相当程度怀疑。但是在美国各地却纷纷架构起加害人与被害人调解的机制。其中包括仲裁计划（Arbitration Program）、公民争端解决中心（Citizen Dispute Settlement Centers）、居家邻近之司法中

---

①参见［英］吉米·边沁：《立法理论》，李贵方等译，中国人民公安大学出版社2004年版，第331—334页。

②参见［英］吉米·边沁：《立法理论》，李贵方等译，中国人民公安大学出版社2004年版，第331—334页。

心（Neighborhood Justice Centers）等等。在计划的主持者方面，则有国家成立或是金钱赞助的机构，也有由当地宗教团体所主持的机构，而最为成功的就是波士顿的犯罪及司法基金会（Crime and Justice Foundation in Boston）。此基金会与律师联盟，并有许多志愿人员参与，并且曾与司法机关合作，使得多数轻微案件借由此计划解决。①

我们认为，惩罚犯罪应以恢复秩序为目的。对一般犯罪而言，对犯罪人的刑罚处罚，在体现为因果报应的同时，还在于预防犯罪，在于安抚受害人和使社会公众的心理平衡，使其不至于发生私力报复和盲目跟从。但就轻微犯罪而言，如果让刑法机械干预，未必会达到理想效果，还有可能引起新的不安定因素。与此不同，借鉴修复式正义理念，引进恢复性司法模式，对亲告罪等刑事纷争采用非刑罚的处理方法，既可以使犯罪人不再为社会所排斥，又可以使被害人得到最大限度的补偿，被破坏的社会关系也因此得到修复。从而顺应了法治背景下保护被害人利益的思想潮流。

3.3 替代刑罚思想——刑事和解

3.3.1 纠纷解决机制的发展

和解一词，在《现代汉语词典》中解释为：不再争执，归于和好。其意即当事人之间有纠纷或是争端的存在，通过某种方式得到和平解决。在中国古代，提倡贵和持中、贵和尚中理念，私人纠纷多是依据乡规民约、儒家礼法，通过调解而非诉讼来解决，长久以来，形成了我国独特的“调处息诉”的传统法律观念和法律文化。与此相若，在人类社会文明的演进过程中，早期的西方国家也意识到“同态复仇”的野蛮落后，即便在罗马法宽和的刑罚中也不难发现和解的萌芽。孟德斯鸠认为，政治宽和的国家并不采用严格的报应刑，古罗马

---

①参见丁道源：《刑事政策学》，自版，2001年版，第289页。

即由于国家政体的原因在刑罚上不采取严格的报复刑，其中的“同态复仇”仅指“以眼还眼，以牙还牙”，不包括杀人偿命的绝对同态复仇。古罗马《十二铜表法》在其第八表《伤害法》第 2 条中规定：“如果故意伤人肢体，而又未与（受伤者）和解者，则他本身应遭受同样的伤害。”可见，法律赋予双方当事人私下和解的权利，并且鼓励以协商的方式和解，只有对不同意和解者采处以同态的报复性。并且，当事人拥有和解与否的选择权。《十二铜表法》还规定“除非没有办法抚慰被害人，决不判处报复刑”，“在定罪之后，罪犯可以支付损害赔偿金，这样，肉刑就变成罚金了”。即采用所谓和缓的办法解决刑事纷争。①《十二铜表法》还采用经济惩罚解决有关人身伤害的纷争，第 3 条规定：“用手或棒子打断自由人的骨头，则应缴纳罚金三百阿司；如为奴隶，则为一百五十阿司。”在孟德斯鸠看来，专制的国家喜欢简单的法律，所以大量使用报复刑的法律。政治宽和的国家有时候也准许使用这种法律，但是有不同的地方；前者是严格的执行，后者则时常加上一些和缓的办法。②

较之于当事人之间和平友好协商式的和解，诉讼往往是意味着当事人之间冲突对立的白热化，不到迫不得已，人们绝不愿意撕破脸皮，对簿公堂。因此，在纠纷解决机制的发展过程中，诉讼作为解决纠纷的重要方式，一直被视为最后的救济手段。20 世纪中期以来，随着犯罪率的居高不下，司法机关的负担日益加重，有限的司法资源难以满足高效快速解决纷争的要求，许多国家开始改革重构原来的纠纷解决机制，纷纷寻求作为法律替代物的其他类型的社会控制措施。西方学者认为，减少法律的数量，或降低现代社会法律化的程度，可以消除法律生活中的许多差别，提高人们自己解决纠纷的能力。西方社会由此出现通过建立其他替代手段以取代法律的运动，其表现之一

---

①转引自霍存福：《复仇之在后世——法律完备状态下的复仇问题》，吉林人民出版社 2005 年版，第 110 页以下。

②参见［法］孟德斯鸠：《论法的精神》（上册），商务印书馆 1995 年版，第 94 页。

即为鼓励建立调解和仲裁机构，这些机构里中立的第三方能以不同于法律的方式解决纠纷。例如，居民司法中心，专门处理青少年问题的机关、婚姻调解委员会，以及各个组织间的调解机构。① 各种非诉讼纠纷解决机制（ADR）得到长足发展，除民间调解、仲裁方式外，还有法院附设 ADR 等，给当事人提供更多的选择。这些多元化纠纷解决机制，具有可以节约国家有限的司法资源，可以节约当事人在纠纷解决中的成本，且能使当事人本人更多地参与纠纷解决等优点，并且，其低廉的解决纠纷方式往往会使当事人的权益得到更有效的保障，从而最大限度地减少诉讼的负价值。

转型时期的中国社会矛盾多种多样，单一的诉讼解决纠纷方式显然不能有效应对这一复杂局面，现有的纠纷解决机制正面临严峻挑战。相形之下，和解等非讼解决纠纷方式能及时、有效地解决纠纷，消解当事人之间的紧张对抗，缓冲社会变革导致的各种社会矛盾，起到替代刑罚的补充作用，回应人们在社会转型期对秩序安定的强烈需求。因此，多元化的纠纷解决机制，已成为司法改革的首要目标。不断发展和完善以和解为代表的非讼解决争议机制作为诉讼方式的补充。让传统调解等非讼方式在当今焕发出内在的生命力，促进非讼纠纷解决机制在我国的发展，使纷争当事人有更多机会和方式公平合理、诚信、效益地解决纠纷具有重要意义。

3.3.2 刑事和解理论的缘起

（一）刑事和解的内涵与理论基础

所谓刑事和解（victim-offender mediation），指犯罪发生后，由社区组织或专业法律人员主持的被害人与犯罪人之间当面磋商，谋求刑事纷争解决方案的过程。通俗地讲，即轻微刑事案件的被害人与加害人之间的“私了”，始于 20 世纪 70 年代加拿大安大略省的一次“被害人—加害人”和解尝试方案。到目前为止，世界已拥有 1200 多

---

①参见［美］唐·布莱克：《社会学视野中的司法》，郭星华译，法律出版社 2002 年版，第 91 页。

个“被害人—加害人”和解项目，其中美国和欧洲占75%。刑事和解作为一种刑事处理方式，至今已得到国际社会的普遍认可，并成为当今世界刑事司法改革的一种潮流，自然有它深刻的社会背景以及理论基础。在西方国家的被害人犯罪学蓬勃发展的20世纪六七十年代，出现了“被害者导向”的刑事政策思潮，其中，如何保障被害人的权利成为当时学者的热门话题。而被害人最根本的权利就是获得赔偿。刑事古典学派代表边沁曾指出，作为一种附加的惩罚和对罪犯的威慑，应给予被害人以赔偿。[①] 刑事和解理论的目的在于加害人积极赔偿损失后获得被害人谅解、重新回归社会的刑事司法改革理论。

美国著名犯罪学家约翰·R. 戈姆在《刑事和解计划：一个实践和理论构架的考察》一文中提出刑事和解制度的三个理论框架，分别是“恢复正义理论”、“平衡理论”与“叙说理论”。[②] 其中，恢复正义理论（restorative justice theory）通常被作为当个人违反法律规定，涉嫌违法犯罪之时，由国家通过司法程序按照系统的法律规则来决定犯罪行为人责任并对其施加痛苦的“报应正义”的对应概念加以研究。平衡理论（equity theory）是建立在被害人对何为公平、何为正义合理期待的基础之上。当原有的平等和公正规则被打破时，被害人倾向于选择一种最为简单的方式来恢复他们所期待的平衡。被害人选择的通常是成本最低、最适合的方式。因此，平衡理论认为，一种平衡恢复方式成本越低，被害人选择该方式的可能性也就越大。如果社会规范允许有宗族会议、老人会或其他的和解方式，被害人选择这种方式的几率就非常大。例如，农村存在大量刑事案件私了的情况。叙说理论（narrative theory）被视为被害人叙说伤害的过程，在这种理论模式下，加害人的角色主要是聆听被害人的叙说与控诉，以及与被害人一起分析犯罪故事的情节、人物和主题来实现对故事的共同重

①参见马克昌：《近代西方刑法学说史略》，中国检察出版社1996年版，第74页。

②John R. Gehm：“Victim-Offender Mediation Programs：An Exploration of Practice and Theoretical Frameworks”.

构。该理论的意义不在于故事内容的本身，而在于叙说的过程和被害人与加害人之间的共鸣。① 迄今为止，上述三种学说仍然是对刑事和解理论最全面和权威的阐释，从而奠定了刑事和解的理论基础。

（二）刑事和解理论的域外实践及意义

刑事和解自 20 世纪 70 年代在美、英等国司法实践中适用以来，已经历了二三十年的发展历史。这一理论对世界刑法发展的影响深远。早在 1999 年 7 月 28 日联合国就作出了题为《制定和实施刑事司法调解和恢复性司法措施》的决议。2002 年 4 月，在维也纳召开了联合国预防犯罪和刑事司法委员会第 11 届会议，会议通过了《关于在刑事事项中采用恢复性司法方案的基本原则》的决议草案。此外，联合国和欧洲议会已经承认将对罪犯补偿作为一种单独的刑事处分，并认识到协商和调解程序的重要意义。英国的司法部门自 20 世纪 80 年代后期开始对和解制度的可行性进行考察。德国的步伐则迈得更大，正式将和解制度引入少年法和刑法。德国于 1999 年修正的《刑事诉讼法》第 153 条 a 规定，检察官及法院于任何阶段均可以暂时中止程序，命令侵害人积极回复损害或达成协商，并据此使刑事诉讼程序无刑罚而终局结束。纵使为严重犯罪且于审判程序之中，侵害者表示出要使损害回复或达成相当充分的协商，法院也可以宣判有罪且略过刑罚，或可使用较轻刑度刑罚（德国刑法第 46 条 a）。

自国家以公权力介入私人刑事纷争的解决以来，国家追诉犯罪机器逐渐发展壮大，建立起以国家追诉为标志的刑事司法模式和以监禁刑为中心的刑罚结构。虽然实现了对犯罪的惩处，彰显了报复正义，但在犯罪的矫正、被害人损失的赔偿、社会关系的恢复等社会效果上力不从心，并且带来成本过高、改造效果不理想等一系列问题。为了克服依靠国家的力量主导的刑事制度日益暴露的种种弊端，刑法改革

①参见马静华："刑事和解的理论基础及其在我国的制度构想"，载《法律科学》2003 年第 4 期，第 81 页；参见刘方权、陈晓云："西方刑事和解理论基础介评"，载《云南法学》2003 年第 1 期，第 45 页。

者提出，刑罚权被国家独占，但是基于民主法制治国之原则，刑事追诉并非全是国家统治的事务，而是公共事务之一种，容许私人（对刑事事件）有影响之可能性并无不妥。尤其是在我们现在的状况被描绘为“法律日增与秩序日减”的状况下。为了改变这种状况，必须打破国家独占刑事追诉的局面，恢复作为一种社会控制力量，通过被害人的参与，特别是通过创立“不直接惩罚犯罪，而是在一定程度下解决罪犯与被害人的冲突，尽可能地使对方满意”这样一种解决问题的制度，即在刑事司法体系内构建刑事和解。①

在刑事和解理论中，由被害人与犯罪人双方谋求和平解决纠纷的协商性司法替代传统的对抗性司法，国家惩罚不再是实现正义的唯一选择。相对于以国家强制力为后盾的司法判决而言，刑事和解所达成的协议对双方的约束力源自和解过程中双方的合意，不具有强制的元素，其力量的基础是对和解主持者的信任和尊重。在英国，刑事和解通常由一些半独立于刑事司法机关的特别机构来组织，虽然通常它们都是由这样一些机构来管理（如缓刑或社会服务机构，警察服务或机构间联合小组）。一些和解活动是以社区为基础的，刑事和解可以作为社区和解方案（类似的社区调解方案还包括为邻里之间的纠纷提供调解服务）所提供的一项特别服务。研究表明，被害人中的大多数愿意与犯罪人直接会面协商解决，在获得和解机会的这些被害人中，绝大多数的被害人在事后回顾时，都认为这样的和解是有价值的。② 在有的国家的刑事和解实践中，刑事和解可以和警察警告、训诫、暂缓起诉或起诉（在庭审或定罪和判决之间）一起，或在庭审过程中，或在判决之后开展。适用于任何罪行，无论情节严重与否，只要有确定的被害人（也可以是公司、企业），只要犯罪人承认其行为造成了伤害即可适用刑事和解。

①参见［德］汉斯·约阿希德·施奈德：《国际范围内的被害人》，中国人民公安大学出版社1992年版，419页。

②参见［英］Tony Marshall：“恢复性司法概要”，刘方权译，转引自北大法律信息网。

总的来看，刑事和解是兼顾被害人利益和犯罪人利益的产物。刑事和解具有双赢的社会效果：一方面，通过刑事和解被害人的需要得到了更为全面的满足，不但可以确保其现实的物质利益，而且还能够弥补其精神上的损害，包括心理治疗的需要；另一方面，通过与被害人面对面的沟通交流，犯罪人能够深刻认识自己的犯罪行为给他人带来的痛苦的程度，使其真诚悔悟并采取实际行动对被害人予以赔偿来建立和平的社会关系，其被免于起诉、免于受刑之宣告或免于受刑之执行，可避免刑事追诉所形成之负面效应，从而具有一种积极的心理动因去改过自新。特别是在熟人犯罪中被害人和犯罪人能够更好地相处，而不是将对方符号化。

但是，刑事和解理论在国外勃兴是以西方社会多元化的价值观念为背景的，我国具有国家本位主义的司法传统，与刑事和解理论中个人本位主义价值观的存在相对立；并且，在传统的刑事自诉案件纠纷解决机制中尚存在犯罪人一方通过威胁、引诱、说情等方式谋求被害人撤回控诉或作伪证的现象，而在刑事和解程序中一旦让被害人拥有决定犯罪人命运的权利，犯罪人及其社会关系网络对被害人潜在的危险也就随之增大。因此，如何充分保护被害人利益，在被害人利益与犯罪人利益及公共利益之间最大限度地实现三者平衡乃是当前我国刑事法治建设的一大课题。

3.3.3 在亲告罪中构建刑事和解

（一）赋予被害人求刑权的理论依据

刑法理论认为，刑事责任是犯罪的必然法律后果，“行为人实施了犯罪行为就必然要承担刑事责任，或者说，行为人实施了犯罪行为就必然追究其刑事责任”。① 并且，由于“刑事责任是刑事法律强制犯罪人向国家所负的一种法律责任，而不是向被害人承担的一种责任”。② 因此，对犯罪行为的起诉权或求刑权也应由国家指派专门机

---

①参见赵秉志、吴振兴：《刑法学通论》，高等教育出版社 1993 年版，第 315 页。

②参见马克昌：《犯罪学通论》，武汉大学出版社 1995 年修订版，第 274 页。

关来行使，即实行“国家追诉主义”。允许亲告罪等轻微犯罪的当事人自行和解，意味着由当事人来决定是否追诉犯罪，必将打破绝对的“国家追诉主义”，将国家求刑权过度让渡给被害人来行使。

一方面，这种对轻微刑事案件起诉方式的改革，乃是宽严相济刑事政策的要求，体现了刑法有所为有所不为、有所多为有所少为的价值品格。允许亲告罪等轻微犯罪和解的理论基础之一，在于在尊重社会自我调整和净化能力的基础上，谋求法律和事实的调和，对于社会已经消除其负面影响的侵害行为不再加以追究，对不再具有社会危害性和再犯可能性的犯罪人不再追究刑事责任。就是对某些侵害人追究刑事责任或者适用刑罚，已经不符合社会主体意志的根本要求。尽管从侵害人个人的角度来看，或许还必须对其加以刑罚处罚，并对侵害行为加以否定的评价，但是从社会整体利益来看，则应当忽视这一要求。

另一方面，对轻微刑事案件的和解改革符合刑罚发展的世界趋势。在世界刑罚的变迁问题上，我国学者储槐植先生提出，从过去到未来，有五种刑罚结构类型：死刑占主导地位；死刑和监禁刑占主导地位；监禁刑占主导地位；监禁刑和罚金占主导地位；监禁替代措施占主导地位。① 可见，刑事和解是符合刑罚发展规律的。在刑罚功能的变迁中，刑罚逐渐从严酷走向缓和。从古代的肉刑发展到了近代的自由刑取代肉刑成为刑罚体系的最主要部分，死刑也被限定在较小的范围。但是，自由刑并不是完美无缺的，特别是在混合监禁的情况下，可能产生交叉感染、滋生犯罪，而且自由刑带来的刑罚执行成本也是一个经济压力。于是，从21世纪开始，许多国家对传统的刑罚结构进行了调整，开始把非监禁刑罚和财产刑作为自由刑的补充，并探索新的替代措施，以广泛适用于轻微犯罪。

对亲告罪而言，犯罪行为发生之后，或多或少在刑罚的威慑之

---

①参见储槐植：“试论刑罚机制”，载《改革开放与刑法发展》，中国检察出版社1993年版，第148页。

下，犯罪人对被害人作出赔偿，当事人之间达成和解，被害人放弃了对侵害人的告诉。某种程度上刑罚的功能在和解过程中得到实现：对侵害人而言，犯罪人已经真诚悔过，人身危险性大为降低或者已经消除，能够回归社会并实现正常的生活；对社会而言，经过一段时间后，由于侵害行为所导致的社会秩序紊乱和社会心理失衡状态已经恢复正常，对侵害人移送起诉实际适用刑罚，可能导致社会公众对侵害人的同情，动摇公众对刑法的认同，产生不应有的负面影响；对被害人及其家属而言，由于与犯罪人达成谅解，对于侵害人的仇视心理已不复存在，私力报复的可能性大大降低甚至已经消除，并且时过境迁，被害人和侵害人之间的隔阂可能消除而重归于好，回复到犯罪行为发生之前的社会关系。可以说，在这种情况下，刑罚的特殊预防目的与一般预防目的已经实现，刑罚的继续存在将成为过剩，已经没有实际意义而可能存在负面影响时，再移送起诉追究刑事责任也毫无价值。如果在刑罚功能已经实现的前提下，再移送起诉适用刑罚，则对侵害人的影响在于：一是长时间的真诚悔过是毫无意义的，因而放弃自我悔改置自己于社会的对立面，成为潜在的再犯；二是侵害人被机械地投之于本已无价值无意义的刑事诉讼程序中，并被贴上犯罪人的标签，因而可能由于标签效应而成为促进侵害人再犯的关键原因。①

（二）刑事和解在刑事纷争中的适用

我国虽然没有明文规定刑事和解，但在刑事法中也有类似规定，如我国《刑法》第 37 条规定了非刑罚方法，如损害赔偿、赔礼道歉。但由于这一方法在刑事法体系内居于次要地位，对其范围也无明确规定，同时其适用也只是可择性的，导致在司法实践中适用率极低，形同虚设。这反映出我国刑事观念中根深蒂固的重刑思想和不重视被害人权益的保护在预防犯罪中的作用，这显然与目前的国际刑事新潮流相悖。借鉴西方国家的刑事和解理论与实务，有学者提出，将刑事和解中犯罪人赔偿与刑事司法制度相结合，在起诉阶段，可以作为不起

---

①参见王子祥、刘方权：“浅论轻伤案件的刑事和解”，引自北大法律信息网。

诉适用，在量刑阶段可作为从轻、减轻处罚情节和判处缓刑的参考；在行刑阶段，可作为假释条件之一。从和解的精神出发，对明文规定法定最高刑为 3 年以下有期徒刑的故意犯，情节轻微的未成年人犯罪和过失犯罪，亲朋、邻里关系中的财产犯罪如盗窃、侵占、诈骗以及自诉案件等，如果犯罪人真诚悔悟且被害人不希望追究刑事责任的，人民法院应当进行刑事和解，适用非刑罚处理方法。①非刑罚方法的适用对象和义务亦应在相关立法中明确。

当前在我国司法实践中，已出现在轻微刑事案件中允许纷争当事人和解的案例。据《中国青年报》报道，从 2005 年 10 月 10 日开始，北京市朝阳区人民法院在全国率先将庭外和解制度应用于刑事案件领域，以后刑事自诉案件和刑事附带民事案件的当事人，可自主选择是否以法官庭前调解、特邀调解员调解或律师和解方式解决纠纷。对于和解制度的刑事化，朝阳区法院刑庭庭长滑争鸣介绍说，一方面，刑事自诉的双方当事人在和解后，原告可以选择放弃或者变更诉讼请求，也可以选择撤诉，而且刑事诉讼是不收诉讼费的；另一方面，刑事附带民事的被告人，也有可能因对被害人作出补偿而获得轻判。对于“轻判”的具体实施，滑争鸣解释称，前提是被告人或其家属要积极赔偿受害人的合理损失，这体现了被告人的认罪悔罪态度；但同时还必须按照案件的具体情况考虑能否从轻，如案件是否存在其他从轻或者从重等情节、犯罪情节和后果等。滑争鸣强调称，由于法律没有明确规定，所以“轻判”不是“依法从轻判决”而是“酌予从轻判决”。

从实践角度看，司法实践中，检察机关作出“相对不起诉”的或者公安机关撤案的案件，基本上是采取刑事和解制度的方式来处理的，也即在被害人获得赔偿、犯罪嫌疑人悔罪并积极赔偿以及听取被害人同意不诉意见前提下作出，而在撤案的情况下，一般还需征得公安机关认可。采取刑事和解方式办案的法律效果与社会效果都比较好。被害人的权益得到最大限度的保障，加害人受到教育，付出代

①参见刘凌梅：“西方国家刑事和解理论与实践介评”，载《现代法学》2001 年 2 月。

价，双方矛盾得到化解。

虽然我国《刑事诉讼法》第172条明确规定："人民法院对自诉案件，可以进行调解；自诉人在宣告判决前可以同被告人自行和解或撤回自诉。"但是没有对刑事和解作出严格的规范限制，在实践中缺乏可操作的详细规定，实际运用中容易导致刑法的定罪标准的模糊甚至嬗变，抹杀罪与非罪的界限。

因而，刑事和解作为一项替代刑罚的刑事纷争解决范式，不能过分地夸大其效力，完全替代司法程序，而必须限定在一定的范围内。如限定在亲告罪以及最高刑为3年以下有期徒刑的刑事自诉案件中的故意犯罪——刑事和解制度是以被害人与加害人的自愿为前提的，实践中尤其要征求被害人同意，只有将刑事和解的启动程序严格限制在自诉程序中才不侵犯和突破公诉权理论；在犯罪对象上适用于过失犯、初犯、偶犯、未成年人犯——对未成年人适用刑事和解是各国通例，也是刑事司法国际准则对少年司法特殊要求的具体化；对成年犯罪嫌疑人中的过失犯、初犯、偶犯适用刑事和解不诉，其犯罪的主观恶性较浅，教育、改造的难度不大，易于进行加害恢复工作。① 对于其他犯罪，只能借鉴刑事和解的理念，将被害人是否谅解、犯罪人是否赔偿或者是否致力于赔偿作为判处较轻刑罚的法定情节。此外，在诉讼阶段上应选择审查起诉阶段进行和解。理由有：首先，审查起诉阶段已将犯罪事实查清，其原因、后果、责任等泾渭分明，只要符合和解案件范围规定，进行和解合法有据。其次，侦查阶段犯罪事实尚未查清，且公安机关不具有对犯罪的刑罚处置职能，当事人"和解"后公安机关撤案，没有现实的法律依据。再次，审判阶段对公诉案件而言，是一个"不告不理，有告必理"的阶段，如果检察机关提起公诉后实行和解，势必影响国家公诉权的严肃性。最后，执行阶段，法

①参见向朝阳、马静华："刑事和解的价值构造及中国模式的构建"，载《中国法学》2003年第6期。

院已作出了确定、不可改变的判决，和解对加害人没有任何意义。[①] 当然，检察机关系法律监督机关，应具有监督整个刑事和解制度运行过程的宪法职权。

（三）在刑事诉讼中构建轻微刑事案件诉前合意机制

1. 建立司法机关主导的轻微刑事案件诉前合意机制。

我国将刑事案件分为公诉案件和自诉案件两类的二元制起诉模式，在刑事诉讼过程中，被害人的告发是引起刑事追诉程序启动的主要原因之一，但被害人主要是协助检察机关行使控诉权，享有的是一种“从属告诉权”，只有在自诉案件中被害人才享有完整的起诉权。“在权利意识深入人心的今天，给私人权利较大的空间不仅是广大民众的基本要求，也逐步成为政府制定、调整多项制度的基本导向之一。在这种背景之下，我国刑事诉讼制度中原有的公诉与自诉范围的划分已经不能满足形势的需求，赋予公民更多的纠纷解决自主权，扩大私权利在刑事诉讼中的行使范围是我国现阶段的一种现实需求。”[②]

刑事诉讼中建立轻微刑事案件的合意机制，赋予被害人在轻微刑事案件中启动刑事诉讼程序的选择权，糅合刑事诉讼程序和民事诉讼程序，具有理论上的正当性和实践中的普适性，已为大多数国家的实践所证明。例如，在比利时，当存在有条件地放弃起诉的可能性时，就可以适用一种称为刑事调停（penal mediation）的制度。如果控方认为所犯的罪不可能判两年以上的监禁，那么犯罪者就会同意采纳或者修复计划，或者医治计划，或者教养计划，或者社区服务计划。这些选择可以结合运用。又如，1994 年《德国刑法典》第 46 条 a 规定：如果犯罪行为人的刑罚不超过 1 年以下自由刑，犯罪行为人如果已经补偿他的行为对被害人所造成的损害的，检察机关可以以不起诉终止诉讼程序。目前德国对刑事诉讼和解的范围已有扩大的趋势。再

---

①参见刘志成、熊明：“未成年人犯罪案件和解不诉探讨”，载《中国刑事法杂志》2005 年第 1 期，第 85 页。

②参见陈光中、葛琳：“刑事和解初探”，载《中国法学》2006 年第 5 期。

如，2001年通过的《俄罗斯联邦刑法典》第76条和俄罗斯联邦刑事诉讼法典第25条规定，对第一次因涉嫌或被指控实施轻罪或中等严重犯罪而受到刑事追究的人，如果该人与被害人和解并弥补对被害人造成的损害，法院、检察长以及侦查员和调查人员经检察长同意，有权根据被害人或其法定代理人的申请终止对之提起刑事诉讼。日本政府在法案中规定：要在刑事诉讼中导入民事和解制度。

有观点认为，刑事诉讼是一个公权力与私权利博弈的空间，尊重双方当事人的自主意愿，在实质上意味着公权力范围对私权利范围的适度让步。笔者认为，在刑事诉讼中赋予当事人实体处分权与检察机关的起诉裁量权并不冲突，一定意义上讲，公权力的存在正是为了保障私权利的实现，两者统一并服务于司法公正的价值目标。刑事和解制度虽然是司法改革中的新事物，其核心内容是当事人之间在平等、自愿、合法的基础上，按照当事人之间达成的协议结案。犯罪人为取得被害人的宽恕所作的种种努力，包括真诚的悔罪和对损害的积极赔偿，若为轻罪，检察机关可以作不起诉处理。若为重罪，审判机关可以作为减轻其量刑的情节，由于合意不违背当事人的自愿原则，还可以维护司法权的被动性与效益性，减少司法官对司法公正的影响。此外，赋予轻微刑事案件当事人自治的选择权，被害人为争取对自己最大利益化，多数情况下会选择使犯罪人得到非刑罚化方式的处理结果，不仅可以减少司法成本的投入，也可以使诉讼活动的各种资源配置优化。

值得特别指出的是，目前我国在司法改革中出现一种暂缓起诉的方式，即指对于某些已经达到提起公诉标准的犯罪行为，基于犯罪嫌疑人的自身状况、刑事政策以及诉讼经济的考虑，通过设定一定的暂缓起诉期间和条件暂时不提起公诉，而是在暂缓起诉期间终结时再根据犯罪嫌疑人的悔过情况等作出最后处理决定的一种诉讼制度，这对于刑事合意机制的建立提供了良好的土壤，“糅入了被害人与加害人和解因素的暂缓起诉制度对于当事人权利保护、诉讼效率的提高以及刑事案件的合理分流都有重要意义，应当尽快在立法中予以确认。”①

2. 明确检察机关在轻微刑事案件中的实体处分权。

从实然层面考察，中国的检察权独具特色，主要包括三方面内容：(1) 法律监督权；(2) 公诉权（准司法权）；(3) 侦查权（行政权）。其中，根据法律规定，我国检察机关的公诉权有起诉决定权、不起诉决定权、公诉变更权、出庭支持公诉权和抗诉权，贯穿于刑事诉讼的各种程序。通常认为，公诉权本质上是一种诉权，检察机关通过“诉”与“不诉”终止刑事诉讼程序，只是一种程序终结权，而非对当事人权利的实体处分。但事实上，由于检察权具有司法权属性，在作出对犯罪控诉与否决定的同时必然伴随着一定的处分权能。换言之，检察机关驳回案件的权力与科以义务的权力是相辅相成、互为救济的。从检察权行使代表公共利益的角度看，也不是所有的犯罪都是适合被起诉的。英国前总检察长肖劳斯勋爵曾对国会表示：“凡涉嫌犯罪的行为都必须自动地成为起诉的对象——我国从来没有这样的规则，我希望将来也不会有。”2000 年颁布的最新《王室检察官条例》明确规定“在决定某个案件是否该起诉到法院时，王室检察官应当考虑起诉的替代方式”，起诉符合公共利益被认为应当考虑的首要的问题。② 此外，在 1990 年 8 月，第 8 届联合国预防犯罪和罪犯待遇大会审议通过的《关于检察官作用的准则》第 18 条规定：“根据国家法律，检察官在充分考虑嫌疑者和受害人基础上适当考虑免予起诉，有条件或无条件地终止诉讼程序，使某些刑事案件从正规的司法系统转向由其他办法处理。”

近年来，围绕检察机关的不起诉决定权，学界有较大争论。主流的观点还是认为，刑事诉讼法对检察机关的起诉裁量权的严格控制，将酌定不起诉限制范围过窄，在实践中很难发挥应有的作用。2007 年，

---

①参见陈光中、葛琳：“刑事和解初探”，载《中国法学》2006 年第 5 期。

②参见［英］麦高伟、杰弗利威尔逊主编：《英国刑事司法程序》，姚永吉等译，法律出版社 2003 年版，第 155 页。

最高人民检察院在《关于在检察工作中贯彻宽严相济刑事司法政策的若干意见》中提出，在审查起诉工作中，应严格依法掌握起诉条件，可诉可不诉的不诉。同年，最高人民检察院颁发《关于依法快速办理轻微刑事案件的意见》，对于提高司法效率、减少司法成本起到了积极作用，并收到了良好的社会效果。实践中，适用简易程序审理的轻罪犯罪人通常能够得到比适用普通程序较轻的刑罚。这些司法文件对于推动刑事诉讼朝有利于当事人利益方向解决起到积极作用，收到了良好的法律效果与社会效果。

我们认为，在刑事诉讼法修改时明确检察机关对轻微刑事案件的实体处分权，有助于刑事案件审前分流，符合诉讼经济的规律。根据《刑法》第37条的规定："对于犯罪情节轻微不需要判处刑罚的，可以免予刑事处罚，但是可以根据案件的不同情况，予以训诫或者责令具结悔过、赔礼道歉、赔偿损失，或者由主管部门予以行政处罚或者行政处分。"对于依法适用不起诉的，检察机关可以根据案件的不同情况，对不起诉人予以训诫或者责令具结悔过、赔礼道歉、赔偿损失。如果在刑事诉讼中建立刑事案件诉前合意机制，采纳"司法机关主导调解"模式，明确检察机关对一些非刑罚化方法具有实体处分权，除上述处理之外，还可以对轻微刑事案件犯罪人予以强制惩戒，包括警告、罚款①、社会劳动、社区矫正、收容教养、资格限制、强制医疗、强制戒毒等；对于未成年犯罪人适用家庭管教、工读教育、社区服务、社会帮教等刑罚以外的其他处理方法。

3. 修正二元制起诉模式，保障当事人在轻微刑事案件中的自治权。

如前所述，我国刑事司法制度中二元制起诉模式是很不完善的，

①在有着独立司法权的苏格兰，地方检察官有着广泛的选择权，包括给被告人个人警告（personal warning），检察官也可以在犯罪者同意的情况下对普通法规定的犯罪（包括偷窃）处以25英镑的固定罚款。在许多国家，尤其是北欧，这种控方案件都是处理不太严重案件的通常选择。

突出表现在公诉与自诉交叉转换设置上的不合理，笔者对此提出如下几点不成熟的修正建议：

(1) 完善选择性自诉案件中自诉转公诉的法律救济机制。对于《刑事诉讼法》第170条第2款规定的被害人有证据证明的八类轻微刑事案件，如果当事人因证据不足等原因，要求提起公诉程序的，公诉检察机关应该提起公诉，并对公安机关进行立案监督。一方面，从性质上看，这类案件“性质上与刑事诉讼法规定的第一类自诉案件——告诉才处理的案件不同，并不是纯粹意义上的自诉案件，而是公诉与自诉案件的交涉与结合”；另一方面，从实践上看，被害人对犯罪进行私人追诉很难成功，因为私人并不拥有侦查机关所拥有的证据收集能力，在法庭审理中没有能力履行举证责任从而可能承担败诉风险。在德国的司法实践中，自诉案件只占较小的比例，知道可用自诉来维护自己权益的被害人中，只有10%提起自诉；在所有自诉案件中，只有6%的案件作出了有罪判决。其中原因之一是立法并不鼓励被害人提起自诉。依据《诉讼费用法》第67条，自诉人有义务事先支付诉讼费用；依据《刑事诉讼法典》第383条第2项，法院如认为行为人责任轻微时，可以随时终止诉讼程序。这样的规定起了限制被害人提起自诉的作用。①

(2) 取消《刑事诉讼法》第170条第3款公诉转自诉案件的规定。据统计，结合1998年最高人民法院《关于执行〈中华人民共和国刑事诉讼法〉若干问题的解释》，就《刑事诉讼法》第170条前两款规定的自诉案件已有五十多个罪名，在世界各国立法例中已不多见，而根据《刑事诉讼法》第170条第3款的规定，在理论上几乎可以将自诉案件扩大到刑法的所有罪名，更与世界范围内限制自诉案件范围的立法趋势相悖。如前所述，根据司法权合理配置角度、控审分离法治原则等原因，修改刑事诉讼法时可以废除该款规定，而代之以设立不起诉听证程序制约机制。

---

①参见熊秋红：“论刑事司法中的自诉权”，载《环球法律评论》2003年第4期。

（3）完善对自诉案件的法律监督。“各国检察机关之所以要对警察侦查权和法官审判权实施监督，是因为在大陆法系国家，检察机关是‘法律的守护神’，在英美法系国家，检察机关是‘国家和公共利益的代表’，为了法律利益和公共利益实施监督，是其职责所在。”①因而，检察机关对刑事诉讼的法律监督不仅包括对公诉案件的全面监督，也包括对自诉案件的全面监督，这也是检察机关的职责之所在。对自诉案件的立案监督，应以事前监督为主，可以比照对公安机关的立案监督程序建立；对自诉案件的审判、执行环节的监督，则与检察机关对民事、行政案件的监督程序相同，不必另行设计。

（4）检察机关是公共利益的代表，对所有自诉案件，根据公诉优先理论，如果检察官认为有必要，可以提起公诉。通常情况下，被害人对应受处罚的行为放弃刑事追诉，不仅仅是刑事诉讼程序的阻碍或终止，还是一种直接与价值判断相关联的私人处分权的行使。因而被害人放弃告诉导致的诉讼终止并非真正意义上的诉讼终结，被害人应该还保有再次提起控诉、启动刑事诉讼的权利。

但是，被害人的追诉决定权不是没有限制的，在实践中许多轻微刑事犯罪在被害人没有控诉的情况下，如果检察院认为加以追诉符合“特殊的公共利益”，同样可以加以追诉。譬如，德国通说认为，检察院对具有“特殊的公共利益”的决定，法院是无从审核的。由此，被害人的自由决定被检察官的自由决定所替代。②

---

①参见朱孝清：“中国检察制度的几个问题”，载《中国法学》2007年第2期。

②参见［德］汉斯·海因里希·耶赛克、托马斯·魏根特：《德国刑法教科书》，徐久生译，中国法制出版社2001年版，第1084页。

第 4 章 亲告罪的价值探寻

4.1 亲告罪的法理价值：自由

从研究的视野来看，当前的刑事法学已经摆脱了实然领域的藩篱而逐步走向了应然领域。“对法的应然性的研究，即主要研究法的价值、揭示法的价值取向、价值目标，评判法的价值标准，为改革和完善法律制度提供原则和理想模式。”① 古今中外，无论是对自由的价值理性的解读，还是就刑法规范的科学抽象与演绎，学术界有不同的解读结论或理论观点。对亲告罪法律价值的解读，离不开对刑法规范的自由价值的剖析。

4.1.1 刑法规范的自由价值的解读

古今中外，对于刑法规范的自由价值诠释的主要观点大体如下：

1. 法律规范目的说。“法律的目的不是废除或限制自由，而是保护和扩大自由。”② 洛克在《政府论》中提出在政治社会建立之前，任何人都没有凌驾于他人之上的权利，人人都是平等的，都受到自然

---

①参见张文显：《法学基本范畴研究》，中国政法大学出版社 1993 年版，第 249 页。

②参见［英］洛克：《政府论（下篇）》，商务印书馆 1964 年版，第 636 页。

法的管辖。但是在自然的状态中，个人的权利必然得不到保障。为此，人们将自己全部的自然权利交给他们所加入的社会，社会将立法权交给它所认为适当的人手中，并委托他们制定明确公布的法律来治理众人，否则，人们的和平、安宁和财产，仍然会像在自然状态里，处于不稳定的状态中。但是，立法者“未经本人同意，不得剥夺任何人的任何财产”，洛克认为法律与自由密不可分。他指出，没有离开理性的自由，自由不等于任性。政治社会的自由，要受法律的约束。他强调自由并非人人爱怎样就可以怎样的那种自由，而是在“法律许可范围内”的自由。自由固然要受法律的约束，但洛克认为，法律的目的并不是废除或限制自由，而是保护和扩大自由。这是因为在一切能接受法律支配的人类的状态中，哪里没有法律，哪里就没有自由，这是因为自由意味着不受他人的束缚和强暴，而哪里没有法律，哪里就不能有这种自由。自由是法律所保护的价值之一。①

洛克将自由视为法律的基本价值，认为个人权利是公共权力的基础。其法律思想带有浓厚的自由主义色彩。洛克认为，自由是一个人权的概念，或者说自由是一个价值范畴。在对人的自然权利的诠解中，洛克提出自由是一项基本权利，自由权是其他权利产生的前提，“凡在自然状态中想夺去处在那个状态中的任何人的自由的人，必然被假设为具有夺去其他一切东西的企图，这是因为自由是其余一切的基础。”② 这种自然权利在人类进入政治社会后得以保留，自由权是天赋的、不可剥夺和克减的权利。当然，洛克并不认为自由就是不要秩序、无所顾忌、为所欲为。他认为在自然状态中，自由和秩序的关系表现为个人自由与他人自由的平等关系，表现为对他人的尊重。因为“人们既然都是平等和独立的，任何人就不得侵害他人的生命、健康、自由或财产”。③ 在社会状态中，自由和秩序的关系体现为国家对个人

①参见［英］洛克：《政府论（下篇）》，商务印书馆1964年版，第36页。
②参见［英］洛克：《政府论（下篇）》，商务印书馆1964年版，第13页。
③参见［英］洛克：《政府论（下篇）》，商务印书馆1964年版，第6页。

自由的保障和个人对社会契约义务的服从。人既然是社会的人，那么他的自由就不可能是无限的，必须被限制在社会整体秩序制约范围内。

在刑法规范和自由价值的问题上，有学者认为，刑法规范分为两类：禁止性规范和命令性规范。这两种规范都是对人们义务的描述，都是在一定程度上迫使人们对自由作出让渡。法律的目的不在于驯化民众成为制度的奴隶，而是在最大限度内确保每一个人的自由。因此在道德谴责和法律禁止性规范的界限的确定上，应尽可能地多为前者留置空间；凡是法律不明文禁止的均视为允许，但“允许”并不意味着行为就具有合法性或合道德性。[①] 更有学者指出，在民主的社会里，国家应该注重公民自由权利的保护，制定刑罚的出发点与归宿应该是为了充分保护公民的自由权利。因此，评价某一行为是否“具有相当严重程度的社会危害性”，应该以全社会绝大多数人的意志为依据，而国家不应出于其他不公正的考虑而武断地加以认定。在理论上指出这一问题，对于防止过分重国家权力而轻公民自由具有重要意义。[②]

2. 自由价值优位说。“在中国刑法领域，不仅应当将个人自由作为与社会秩序并列的一个基本法律价值，而且应当采取个人自由优先于社会秩序的价值选择，只有这样，罪刑法定原则才能获得真正的生命，否则的话，——中国人将永远匍匐在缺乏有效制约的刑罚权的权威之下，从而缺乏独立的人格与自由创造的精神，果真不幸如此，社会秩序将倾向于万马齐喑的死序。”[③] 社会利益与个人利益之间的界限是由法律来划定的。“在刑事法庭上，只要对刑法的干涉范围究竟如何存在一丝疑问，人们就会要求法庭将个人自由价值观放在第一位。”[④] 这类案件往往涉及各种价值观念的冲突，法庭可能很难决定

---

①参见冯亚东：《理性主义与刑法模式》，中国政法大学出版社 1999 年版，第 52 页。

②参见谢望原：《刑罚的价值》，中国检察出版社 1999 年版，第 158 页。

③参见曲新久：“个人自由与社会秩序的对立统一以及刑法的优先选择”，载《法学研究》2000 年第 2 期。

④参见［英］彼德斯坦・约翰香德：《西方社会的法律价值》，法律出版社 2004 年版，第 205 页。

公共利益的内容究竟如何，在何种程度上对个人自由进行限制颇为其难。

3. 刑罚制度空白说。有学者将刑罚制度的负价值概括为：耗费人力物力、危及公民权利、留下情感阴影。[①] 其中，刑法对公民权利的损害不仅表现在司法上，还表现在立法上。法律和刑罚产生后，人的原始权利不复存在，剩下的只是法律约束下的自由。有刑法规范的地方，公民就是不自由的。反之，没有刑法规范的地方，公民就是自由的。例如，张明楷教授认为，只有符合下列条件的行为才规定为犯罪，给予刑罚制裁，否则公民的行为对于刑罚制度来说便是自由的：(1) 具有严重社会危害性而且绝大多数人不能容忍，并主张以刑罚进行规制的行为；(2) 没有其他制裁力量可以代替刑罚，只有动用刑罚才能抑制这种行为，才能充分地保护合法权益；(3) 运用刑罚处罚这种行为，不会导致禁止对社会有利的行为，不会使公民的自由受到很大限制；(4) 对这种行为在刑法上能够进行客观的认定和公平处理；(5) 运用刑罚处罚这种行为符合刑事责任的目的，即具有预防或抑止该行为的效果。[②]

诚然，中外学者对自由价值的解读远远不限于此，笔者在此不一一列举概括。总之，正如洛克所言：自由是做法律许可的一切事情的权利。从这个角度看，自由和刑法规范属于既对立又统一的范畴。一方面，刑法规范以保护公民自由免受侵害为己任，另一方面刑法规范本身又是对公民自由的剥夺和限制，刑法规范介入需要以最小侵害公民自由为限度。而“自由是权利的另一种表现方式，它们在法律上属于同质的东西”,[③] 因此，刑事规范无论是从对公民权利的立法确认，还是从对侵犯公民自由的行为惩罚，其实质是从正反两方面对公民自由进行最有力的保护。

---

①参见赵秉志：《刑法总论问题探索》，法律出版社 2003 年版，第 23 页。

②参见张明楷：“论刑法的谦抑性”，载《法商研究》1995 年第 4 期。

③参见徐显明：《公民权利义务通论》，群众出版社 1991 年版，第 153 页。

4.1.2 刑法规范与自由价值的实现

（一）宽容的社会环境

当我们解读自由价值的实现时，很大程度上是指社会提供给个人权利的空间有多大，也即社会对个人权利的宽容程度，而不限于法律上的字面规定。美国学者哈耶克把自由界定为这样一种状态："在社会中，一些人对另一些人的强制被减少到最低限度"，人们能免受他人"专断意志的强制"，或"独立于他人的专断意志"。[①]英国学者约翰·密尔认为，自由既然是个人在社会中的自由，因而必须重视自由所处的年代、风俗和社会舆论。在密尔之前，人们常把国家当做是限制自由的渊薮，但密尔指出，对自由的最大危害并不在于国家专制，更在于社会暴虐。密尔这样告诫我们：当社会本身是暴君时，就是说，当社会作为集体而凌驾于构成它的各个人时，它的肆虐手段并不限于通过其政治机构而作出的措施。社会能够并且确在执行它自己的诏令。而假如它所颁的诏令是错的而不是对的，或者其内容是它所不应干预的事，那么它就是实行一种社会暴虐。[②] 国家的权力与个人的自由是相互对立的两极，国家的权力过大，人民的自由必然减少，两者是此消彼长的关系，因此维护个人自由，尤其要注意防范社会的专制。

就此而言，国家对个人自治领域干预是不被许可的，因为国家永远希望以整齐划一的标准来规制人们的行为，从而使人失去个性而成为遵守规则的机器。为此，密尔呼吁，"社会不必再僭越在只关个人自己的事情上有发布命令并强制人们服从的权力"，因为在那种事情上，从正义和政策的一切原则来说，"总是应当由承担其后果的个人自己来做决定的"。[③] 当我们经常言及国家必须"还政于民"的时候，同样必须在自由的实现方面，要求社会也要"还政于民"。

密尔将个人自由的范围分为三个主要领域：一是良心的自由，也

---

①转引自张文显：《二十世纪西方法哲学思潮研究》，法律出版社 1996 年版，第 258 页。

②参见［英］约翰·密尔：《论自由》，程崇华译，商务印书馆 1959 年版，第 4、5 页。

③参见［英］约翰·密尔：《论自由》，程崇华译，商务印书馆 1959 年版，第 90 页。

即思想和感想的自由。二是追求个人志趣和趣味的自由。这类自由主要包括个性自由与选择自由两类。选择自由则是对自己的行为有最高的决断权，相当于民法中所言的“意思自治”。换言之，个人拥有安排自己的计划、进行自己的行为的绝对自由。同样，如果法律、社会可以代替个人作出选择，虽然在一定程度上可以保障人民的权益，但它的后果则是使人失却了行为的主动性与创造性。从这个意义上而言，人是自己的主人，也是自己选择的后果的直接承担者。正因如此，边沁曾提出自由的基本准则：“人类之所以有理有权可以个别地或者集体地对其中任何分子的行动自由进行干涉，唯一的目的只是自我防卫。这就是说：对于文明群体中的任一成员，所以能够施用一种权力以反其意志而不失为正当，唯一的目的只是要防止对他人的危害。”① 三是个人之间互相交往和联合的自由，这也是宪法中集会、结社等权利的理论基础。

作为功利主义流派代表之一的约翰·密尔延续并发扬了边沁的观点，“每个人是他自己的权利和利益的唯一可靠保卫者”，也就是说，人总是按照自身的权利和利益来决定自己的行动的。因为人类爱自己胜于爱别人是人的、正常的、天然的情感，因此，就个人而言，对于他自己的身体和心灵，“个人乃是最高主权者”。密尔强调，“每个人是其自身健康的适当维护者，不论是身体的健康，或者是精神的健康，或者是智力的健康。人类若彼此容忍各照自己所认为好的样子去生活，比强迫每人都照其余的人们所认为好的样子去生活，所获是要较多的。”② 从中可见，宽容的社会环境对个人自由价值的实现极具重要性。总之，密尔的自由思想给我们的启迪在于：刑法没有权力惩罚那些仅仅为社会所不赞同或希望雅致的行为，国家力量不能逾越的边界是分离“涉他行为”与“涉己行为”的边界，这为国家刑罚权的

---

①参见［英］约翰·密尔：《论自由》，程崇华译，商务印书馆1959年版，第10页。

②参见［英］约翰·密尔：《论自由》，程崇华译，商务印书馆1959年版，第13页。

人道性、节制性提供了理论论证。①

（二）宽和的刑罚

刑法是国家公权力不断扩张的结果。在某种程度上，刑罚的宽和或是严厉，与国家的专制或是民主有一定关系。“刑法是国家意志在法律领域中的最强烈、最极端的表达方式，权力固有的本性与特质决定了刑法自身具有强烈的扩张性和侵略性。如果不对国家刑罚权给予必要的关注、限制，刑罚权的行使可能会以公民基本人权的非法削弱或剥夺为代价。”②

美国学者 H. L. 帕克特别重视刑罚自身的效益以及刑罚应尽可能少干涉公民的自由。他指出需要以刑罚制度加以规制有以下几种情况应予考虑：(1) 成功预防或减少某一危害社会的行为所带来的社会效益；(2) 为此而付出的道义与实利成本（moral and practical costs）；(3) 其他社会控制方法是否也可获得相同结果？在帕克看来，如果付出的道义与实利成本超过由此而带来的社会效益，或者不用刑罚方法而用别的社会控制方法也可获得相同结果，那么，国家就不应以刑罚制度去约束人们的某些行动自由。因为以刑事诉讼程序来控制某一行为，无疑会极大地增加道义与实利成本。故非别无选择，国家绝不可以以刑罚来干预公民的行为自由。③

帕克指出：刑事制裁是法律的最后威胁手段，它具有最高的强制性。就最广泛的意义言之，它的代价也最昂贵。因此，它应该仅用于那些确实需要的场合。帕克认为，值得动用刑罚处罚的行为限于以下情况：(1) 这种行为在绝大多数人看来是明显地对社会构成威胁的行为，并且为主要的社会阶层所不能容忍；(2) 把该行为归于刑罚调控并不违反刑罚目的；(3) 以刑罚压制该行为不会禁止对社会有意

---

①转引自何勤华：《西方法律思想史》，复旦大学出版社 2005 年版，第 214 页。

②参见蔡道通：“类推制度的当代命运”，载陈兴良主编：《刑事法评论》（第 1 卷），中国政法大学出版社 1997 年版，第 235 页。

③参见谢望原：《刑罚的价值》，中国检察出版社 1999 年版，第 156、157 页。

义的行为；（4）该行为可以通过公正的、无歧视的强制来处置；（5）通过刑事诉讼来控制该种行为不会显示用刑事诉讼程序来处理该行为是定性或定量上的严重失误；（6）除了用刑罚来处置该行为别无合理选择。在帕克看来，除此 6 种情况外，国家不应以刑罚制度干涉公民的行为自由。①

（三）我国“和谐”的社会理想与“无讼”的诉讼观

我国“和谐”的社会理想与“无讼”的诉讼观具有实现刑法规范自由价值的人文基础。中国古代社会深受占统治地位的儒家思想的影响，儒家强调用道德教化治理国家，强调个人对家族对国家的义务，形成“无讼”“厌讼”的诉讼观。儒家用刑法手段维护最高的道德原则，并用刑法方式规定债务、继承等民事方面的问题。《后汉书·吴祐传》记吴祐为相时，凡“民有争讼者，必先闭合自责，然后断讼，以道譬之亲到闾里重相和解。自是争讼省息，吏人怀而不欺。”《隋刘旷传》记“人争有讼者，……晓以义理，不加绳劾，各自而去，……在职七年，风教大洽，狱中无系囚，争讼绝息”。明王士晋《宗祠条规》中“太平百姓，完赋役，无讼事，便是天堂世间”。② 这种“无讼”的诉讼观虽然很难形成司法最终解决争议的权威性，但以“无讼”为目标而形成的调解、调判等司法传统在历史上发挥过积极作用，对和谐社会秩序的追求亦应是法律的应然使命，对秩序、稳定的优先考虑和追求是民族传统文化的积淀。

“无讼”目标下的重视秩序，强调和谐的社会理想，避免人们使用刑法手段作为调解个人之间关系的主要方式，使人们面对争端的解决方式有了更多的自由选择。调解等非讼解决争议方式较之诉讼体现了更高的道德要求。动辄诉诸法律，也许可视为法律意识觉醒、高涨，却也加剧了人际对抗。现代社会多元利益集团的存在、社会矛盾

---

①参见谢望原：《刑罚的价值》，中国检察出版社 1999 年版，第 156、157 页。

②参见［荷兰］格老秀斯：《战争与和平法》，西方法律思想史资料选编，北京大学出版社 1983 年版，第 337 页。

急剧冲突中，当事人将对簿公堂之对抗化为理性协商之和解，展现了宽容和一定程度的相互妥协，这也是社会良性发展、法治得以实现应予重视的基本原则之一。在权力危机、信用危机现象已严重制约社会健康发展的现状下，如果将“法治”理解为简单的规则之治，忽略了社会生活中“活的法律”基本伦理价值的调节作用，那么，所谓社会秩序、社会公正以至法律权威本身都将面临严峻挑战。

追求和谐是中国文化传统的特质之一。在儒家看来诉讼是消极的社会现象，而和谐是至上的理想，和谐包括人与人之间的和谐。占主导地位的儒家思想要求官员们不要轻易就纠纷进行审判并颁布对当事人具有约束力的判决，而须就纠纷进行调解，以寻求双方当事人都自愿接受的解决方案。这就是说，用劝说、教育的方法使当事人对自己原来的主张予以反思，以帮助他们在庭外和解，并因此放弃诉讼。这种方法就是中国人说的“劝讼”与“息讼”，其最终目的是使当事人相互和解，因而个人间的和睦以及社会的团结得以恢复至冲突发生以前的情况。①

在传统中国，法律虽然以刑杀为核心，但刑杀不是它的目的，它所追求的是取消刑杀和法律的无讼。这是因为无讼联系着和谐，联系着政治理想，联系着大同世界，所以先秦诸子百家的政治法律理论都以无讼为归宿。只不过在追求无讼实现的途径上有了争议。其中，法家的“以刑去刑”或者说“刑期无刑”，法家虽以严刑少恩而著称，但和谐的“至安之世”仍是它的理想，所谓“以刑去刑”、“杀刑之反于德”。法家的治世之道又以商鞅的主张为代表：“治国刑多而赏少，故王者刑九而赏一，削国赏九而刑一。……刑不能去奸而赏不能止过者，必乱。故王者刑用于将过，则大邪不生；赏施于告奸，则细过不失。治民能使大邪不生，细过不失，则国治，国治必强。一国行之，境内独治，二国行之，兵则少寝，天下行之，至德复立；此吾以

①参见刘敏：《当代中国的民事司法改革》，中国法制出版社 2001 年版，第 64 页。

杀刑之反于德，而义合于暴也。”[①]先秦法家在“以刑去刑”的治世之道上是一致的，他们的思想用图式来表示，则是以刑（重刑）→去刑（无讼）。[②]

当今法治时代的中国，在解决一系列经济和社会问题的基础上提出了建构和谐社会的发展目标。德国著名法学家、波恩大学法学院院长乌·金德霍伊泽尔教授在接受中国记者访谈时，曾就中国法治与和谐问题提出自己的看法。乌·金德霍伊泽尔教授认为，关于和谐这一概念，最早可以追溯到莱布尼茨的单子论。按照莱布尼茨单子论的观点，和谐社会是这样一个社会，绝对的社会躯体的单子，——因此，在这个社会躯体当中最重要的是协调。和谐概念的核心元素就是尊重他人、善待他人、承认他人——众单子完美地融合。因此，社会和谐与法治是不存在冲突的。社会和谐和法治更多地是以一个安全的生活形态为它们存在的前提条件。法治意味着，每一个个体都确切地知道，哪些是允许他做的，哪些是不允许他做的。之后，才能有一个安全的空间，在这个空间里才可能有属于他的自由。同样，每一个个体都应该有善心，只有这样他才可能根据他的想象去生活，才可能真正享有自由。因此，对利益和机会进行社会的、和谐的分配是不可缺少的。[③]同理，和谐社会中自由价值的实现与刑事立法的建构价值取向也是密切相关的。

4.1.3　亲告罪立法——刑法规范自由价值的彰显

亲告罪立法价值取向在于承认对于某些纯粹的个人法益主体的处分的自我决定权，亲告罪被害人的告诉、撤回告诉、和解、调解等行为正是法益主体自我决定自由的体现，可见，个人法益主体的意志自由是亲告罪的核心价值。[④] 传统理论认为，刑事责任是犯罪的必然法

---

①参见《商鞅书·开塞》。

②参见张中秋：《比较视野中的法律文化》，法律出版社 2003 年版，第 235 页。

③参见薛晓源、刘国良：“法治时代的危险、风险与和谐”，载《马克思主义与现实》2005 年第 3 期。

④参见李立景：《亲告罪要论》，中国人民公安大学出版社 2003 年版，第 194 页。

律后果，行为人实施了犯罪行为就必然要追究其刑事责任，而刑事责任是刑事法律强制犯罪人向国家所负的一种法律责任，而不是向被害人承担的责任。因此，追究犯罪人的刑事责任，应采取“国家追诉主义”。那么，在“绝对的国家追诉主义”下，国家怎么能容忍、允许刑事纠纷的当事人自行和解呢？换句话说，国家为什么会把求刑权下放给公民个人呢？实际上这个问题就是自由和秩序关系的翻版。亲告罪的立法与实践体现了立法者这样一种认识：自由在特定情况下是可以优先于秩序的。刑法应当以尽可能少的刑事强制来维护社会秩序，而应尽可能多地保留公民的个人自由领域。“刑法保护社会秩序不在于将个人置于立法者或司法者所预期的位置，或者要求个人达到国家或社会为其设立的特定的目标，而在于确保个人自由行动时不违背有利于社会秩序生成的条件。”① 而亲告罪都是一些极为轻微的犯罪，侵犯的大都是公民个人或范围极为狭窄的社会主体的利益，对社会秩序的破坏极小或者范围极窄，因此大可不必动用国家极为宝贵的权力资源来对此进行处理。由当事人自行处理，既不会损害社会的整体利益，同时又体现了对个人自由、个人自我选择的尊重。② 立法层面设置亲告罪，可以限制国家刑罚权的发动，符合刑法应较少干涉公民自由的谦抑精神。即所谓“法律不是压制自由的手段，正如重力定律不是阻止运动的手段一样。……法典就是人民自由的圣经。”③“正如药物效用的最适状态乃是人体不需要它，法律的最大成功则在于将当局对公民的生命、自由、财产所进行的令人讨厌的干涉降到最低限度。”④ 因此，我们在确定刑法调控范围时，应坚持刑事立法的谦抑性原则。

刑法作为强行法，其调控范围虽在本质上是维护和扩大自由，但都是以不得不限制某些自由为代价的。因此，刑法介入、干预社会生

①参见曲新久：《刑法的精神与范畴》，中国政法大学出版社 2000 年版，第 56 页。

②参见宋波：“刑法价值视野下的‘亲告罪’制度研究”，引自北大法律信息网。

③参见《马克思恩格斯全集》（第 1 卷），第 71 页。

④参见［美］E. 博登海默：《法理学——法哲学及其方法》，华夏出版社 1987 年版，第 336 页。

活，应以维护和扩大自由为目的，而不应过多地干预社会。在确立刑法的调控范围时，应尽最大限度地给社会和个人留出自由空间，以保证社会主体的积极性、创造力、想象力的发挥，促进个人和社会的发展与进步。实际上，“使用强制性制裁的需要愈少，法律就愈能更好地实现其巩固社会和平与和谐的目的。”①

亲告罪纠纷解决方式在我国拥有坚实的文化土壤。它在维护成文法的权威的前提下，融入了更多人文的考虑，是法律与道德情感的最佳结合点，并与中国几千年沉淀的文化底蕴相吻合。中国素有无讼的传统法律文化观念，有注重司法调解的传统，正如有的学者所言，“采用亲告罪制度，将起诉的权利赋予被害人并允许他们采取其他适当的方式解决纠纷，在被害人要求司法保护时方进行干预，则既可以保障被害人的合法权益，又有利于社会关系的稳定，实为处理熟人社会某些刑事纠纷的一个明智之举”。②

4.2 亲告罪的刑法价值：谦抑

在现代社会，犯罪往往是多种原因综合的结果，因而防范犯罪的手段也应是综合的，如果能采用其他非刑事手段，如经济、道德、行政、民事等解决争端，那么，刑法手段便应退居其次，以避免刑事手段的负面效应。正是在这个意义上，有学者指出：只有在侵权行为法与行政处罚法不足以抗制犯罪的情况下，才能用刑法抗制。③ 刑罚的谦抑性原则得到越来越多法治国家的认可，成为当今刑罚价值取向的主流。

4.2.1 刑法的谦抑性内涵

（一）刑法的谦抑性诸观念

目前，学界公认的最早提出刑法的谦抑性概念是日本学者宫本英修。宫本英修提出刑罚不是斗争的手段而是社会调和的手段，第一次独创性地提出了刑法的“谦抑主义”并将之提升为刑法的根本思想，

---

①参见［美］E. 博登海默：《法理学——法哲学及其方法》，华夏出版社 1987 年版，第 336 页。

②参见齐文远：“亲告罪的立法价值初探”，载《法学研究》1997 年第 1 期。

③参见陈兴良：“刑罚的谦抑价值蕴含”，载《现代法学》1996 年第 3 期。

从而引发出对刑法谦抑性的重新认识。宫本英修指出，即使刑法侵害或威胁了他人的生活利益，也不是必须直接动用刑法，可能的话，采取其他社会控制手段才是理想的，只有在其他社会控制手段不充分或过于强烈（如私刑），有代之以刑法的必要时，才可以动用刑罚。平野龙一则将刑法的谦抑性概括成三方面内容："第一是刑法的补充性。即使是有关市民安全的事项，也只有在其他手段如习惯的、道德的制裁即社会的非正式的控制或民事的规制不充分时，才能发动刑法。——第二是刑法的不完整性（指刑法不介入公民生活的各个角落）。——第三是刑法的宽容性，或者可以说是自由尊重性，即使市民的安全受到侵犯，其他控制手段没有充分发挥效果，刑法也没必要无遗漏地处罚。"① 林山田先生所言"故刑罚之界限应该是内缩的，而不是外张的，而刑罚该是国家为达其保护法益与维持秩序的任务时的最后手段，能够不使用刑罚，而以其他手段亦能达到维持社会共同生活秩序及保护社会与个人法益之目的时，则务必放弃刑罚手段。"②可见，刑法的谦抑性核心要素就是刑法手段的补充性，这一点已得到学界普遍认可。

刑法谦抑的理论内涵包括两个方面：一是以必要性原则为基点的公法学基础；二是以宽容精神为理念的人文关怀。③ 刑法的谦抑性之诸观念。陈兴良在《本体刑法学》里把它概括为刑法的紧缩性、刑法的补充性和刑法的经济性三个方面内容。也有学者认为，谦抑性内容具有以下几种价值观念：刑法的经济性观念，刑法的相对性观念，刑法的有限性观念，刑法的最后手段性观念。

刑法谦抑原则要求制定刑法规范的刑事政策也应具有合理性，即刑事政策的制定和实施必须考量刑法资源投入的必要性、经济性、有

①参见［日］平野龙一：《现代法Ⅱ——现代法与刑罚》，岩波书店 1965 年版，第 21—22 页；［日］木村龟二：《刑法的基本问题》，有斐阁 1979 年版，第 186 页。

②参见林山田：《刑罚学》，台湾商务印书社 1985 年版，第 128 页。

③参见储槐植、薛美琴："刑法谦抑——由一则建议稿引发的思考"，载《云南大学学报》2005 年第 3 期。

效性，尽力避免不必要、不经济、无效甚至有害的刑罚资源投入。为了确保刑法适用根据的正当性与刑法效益的最大化和最佳化，以刑法的适用为核心内容的现代刑事政策必须强调刑法谦抑原则，刑罚的运作应当做到“动之于必动，止之于当止。”如果处罚一个不法行为，无助于防止恶害或反较由犯罪所生之恶害为大，或处罚该不法行为时无法公平及无差别地执行或显然将造成刑事司法程序之过重负担，或者为防止该不法行为尚有其他手段存在时，则无发动刑法予以犯罪化的必要，已经犯罪化的应当予以非犯罪化。因此，刑法谦抑的过程，从犯罪行为本身角度加以观察，就是非犯罪化过程；从犯罪行为的法律效果的角度加以观察，即为非刑罚化过程。①

刑法的经济性观念还体现在司法成本上，贝卡利亚把后来成为经济学格言的“以最小的成本换取最大的效益”运用于犯罪和刑罚领域。一个国家惩罚犯罪需要投入相应的成本，其中最主要的是刑事审判制度的成本，包括公安机关、检察机关、辩护律师、法院、拘留所和监狱等的费用。据初步估计，一个被判处 3 年有期徒刑的罪犯，刑期执行完毕，国家要为其投入至少 5 万元的资金，而罪犯在狱中进行劳动改造，可能产生的物质财富仅为 1 万元左右②。与此同时，市场经济下理性的经济人概念的提出，要求所处的时代应提供一系列具有尊重人的选择自由、满足人的利益追求的精神内涵的理性法律。因而，理性、科学的刑法“应该在重视人的主体性的基础上，承认并保障市场主体的对利益的最大化追求。现代司法制度应该以效率为价值取向，这是理性主体在追求和实现自己利益最大化过程中对司法的基本要求”③。

刑法谦抑原则还表现在刑罚手段的运用上要求具有最后手段性观念，美国经济学家波斯纳认为，犯罪行为是一种回避市场的行为，是强制性转移财产的行为，因而是不能产生财富最大化效果的无效率的

---

①参见梁根林：《刑事法网：扩张与限缩》，法律出版社 2005 年版，第 238 页。

②参见孙林：《法律经济学》，中国政法大学出版社 1993 年版，第 153 页。

③参见刘敏：《当代中国的民事司法改革》，中国法制出版社 2001 年版，第 65 页。

行为。其之所以产生，是因为犯罪的成本比预期收益低，犯罪者有利可图。按成本—收益分析原理，要降低犯罪的发生，就要提高犯罪的成本，使犯罪者无利可图。恰当的刑罚是处罚的数额略高于犯罪造成的损失。波斯纳认为，一味地加重处罚，并不一定是威慑犯罪的好办法，也许会造成小罪减少、大罪的比例上升的现象。比如，光抢财物不杀人会少些，而既抢东西又杀人相对会多起来。既然法律的处罚一样，把受害人杀死，还减少一个证据，提高罪犯的安全性。因此，恰当的处罚还应当考虑边际威慑性。用经济学的观点看，罚金是比较好的处罚手段。另外，非财产性的替代性措施也有相当作用，可以使罪犯在其他方面的价值减少，这实际上是在增加犯罪的非金钱成本①。

（二）刑法的谦抑价值实现途径

刑法的谦抑，具体内容包括缩减或者压缩适用刑法，即罪之谦抑，刑之谦抑。详言之，刑法的谦抑性是指立法者应当力求以最小的支出——少用甚至不用刑罚（而用其他刑罚替代措施），获取最大的社会效益——有效地预防和控制犯罪。② 换言之，凡是适用其他法律足以抑止某种违法行为，足以保护合法权益时，就不要将其规定为犯罪；凡是适用较轻的制裁方法就足以抑止某种犯罪行为，足以保护合法权益时，就不要规定较重的制裁方法。③ 可见，刑法的谦抑性包括刑事立法与刑事司法两个层面的含义。刑事立法上，如某种危害社会的行为用非刑罚处罚方法处理即可，就不要规定为犯罪；如规定较轻的刑罚即可，就没有必要规定较重的刑罚；刑事司法上，在某种犯罪不需要判处刑罚时，先考虑免除刑罚；如用较轻的刑罚即可，就没有必要适用较重的刑罚。

但有学者主张，所谓刑法的谦抑性，主要发生在立法环节。因

①参见［美］理查德·A. 波斯纳：《法律的经济分析》（上），蒋兆康译，中国大百科全书出版社 1997 年版，第 229 页。

②参见陈兴良：《刑法的价值构造》，中国人民大学出版社 1998 年版，第 353 页。

③参见张明楷：《刑法的基础观念》，中国检察出版社 1995 年版，第 143 页。

为，谦抑性原则是指立法机关只有在该规范确属必不可少——没有可以代替刑罚的其他适当方法存在的条件下，才能将某种违反法秩序的行为设定成犯罪行为。一般而言，下列情况没有设置刑事立法的必要：其一，刑罚无效果。就是说，假如某种行为设定为犯罪行为后，仍然不能达到预防与控制该项犯罪行为的效果，则该项立法无可行性。其二，可以他法替代。如果某项刑法规范的禁止性内容，可以用民事、商事、经济或其他行政处分手段来有效控制和防范，则该项刑事立法可谓无必要性。英国哲学家边沁认为："温和的法律能使一个民族的生活方式具有人性；政府的精神会在公民中间得到尊重。"这句话可谓刑法所以要奉行"谦抑性"原则的法哲学基本理论。其三，无效益。指立法、司法与执法的耗出要大于其所得收益。①

将刑法的谦抑价值实现理解在立法环节正好与"谦抑性"表面含义暗合。"谦抑性"一词源于台湾地区学者对日本刑法著作的翻译，从词义的表面上看，似乎刑法也能具有那种只有人才具有的谦抑品性，或者至少是将刑法视做具有自由意志和独立人格的人的精心设计之物，从而刑法的谦抑性便是具有谦抑性的立法者（设计者）之谦抑品性的形式化和法律化。但是，"立法自身并不能创造谦抑性刑法，立法只是对人们的行动秩序中进化而来的具有谦抑性的刑法规则的发现和确认。"②如果将刑法视为是立法者（实为统治者）发布旨在实现政府的即时性目的的指令，即将刑法归入公法意义上的组织规则之列，那么，刑法作为规则所旨在实现的结果，必定是政府所关注的、已知的、特定的结果，但是，"如果我们只埋头于即时性的直接结果，那么从长远的角度看来，牺牲的就是自由。"③ 并且，将刑法归入公法所体现的国家意志论者和刑法工具主义者，必然会掀起泛刑主义

---

①参见屈学武："刑法谦抑性原则的正确解读及其适用"，载《光明日报》2003年11月4日。

②参见韩德明："刑法谦抑性：新自由主义法学语境中的考察"，转引自中国大学生网。

③参见［英］哈耶克：《法律、立法与自由》（第2、3卷），中国大百科全书出版社2000年版，第41页。

论，使刑法在法律体系的发展中逐渐变得无所不涉。

有鉴于此，美国学者哈耶克一反常规，对将刑法归入公法的传统分类方法提出了独到而深刻的否定性观点，他将规则（法）分为正当行为规则和组织规则两类，认为“私法”与“公法”这两个众人皆知的术语极具误导性，因为它们与私人利益（private welfare）和公共利益（public welfare）之间的相似性，很容易使人们错误地认为，私法只服务于特定的个人利益，而唯有公法服务于普遍利益。将刑法归入私法范畴，其标准是将那些由“规定了政府之特定官员或机构所必须做的事情的命令构成的”规则界定为公法，其余的法律规则均被列入了私法范畴。这一划分的重大意义在于从根本上否定了“刑法是公法”进而是“统治者命令”的老生常谈，暗示了刑法不是统治者随心所欲的东西。① 在哈耶克看来，刑法绝非政府指令性质的组织规则——公法，刑法与侵权行为法一样，属私法范畴，从而刑法与其他私法之间的关系，并不能通过它们的调整方法的性质差异来进行分界，而只能按照它们本该调整的法律关系的性质差异进行划分。这样，在本该由其他法律规范（私法）所调整的领域，刑法就必须让位。只有这样，刑法的谦抑性才能得到保证。因此，有学者认为，对刑法的谦抑性的理解，绝不能认为其之所以谦抑的理由，是因为立法者的精心设计。作为私法性质的行为规则，刑法的谦抑性是在人们的行动和社会的进化中逐步发展而来的，“承认刑法的私法性质，就是肯定刑法是人们对其行动过程中形成的秩序规则的选择和确认，就是承认刑法这一规则必须更多地从一国法律体系中逐步发展起来的私法性质的其他行为规则让位。”② 我们认为，统治者维护社会秩序的需要发布的规则与公民自发形成的正当规则并不是互不相干的两个系统，诚如公共利益在某种程度上讲也属个人利益，所有法律制定的最终的宗旨都

---

①参见［英］哈耶克：《法律、立法与自由》（第 2、3 卷），中国大百科全书出版社 2000 年版，第 209 页。

②参见韩德明：“刑法谦抑性：新自由主义法学语境中的考察”，转引自中国大学生网。

会落脚于对公民权利的维护，因而公法和私法只是一种学理上的划分，并没有实质意义上的不同。承认刑法的私法性质，可以让我们越过刑法的谦抑仅属于立法与司法层面的表象，考察刑法的谦抑性的内在属性，即在国家权力与个人权利相冲突时，树立个人权利优位的理念。

当然，刑法谦抑价值的最终实现，离不开立法与司法的具体环节。如同有的学者认为，谦抑性的另一内在要求是“刑罚与其严厉不如缓和”，亦即“在刑事立法上，如果规定较轻的刑罚（缓和）即可，就没有必要规定较重的刑罚（严厉）；在刑事司法上，对于已经确定为犯罪的行为，如果适用较轻的刑罚（缓和）即可，便没有必要适用较重的刑罚（严厉）。”① 刑法谦抑原则首先要严格收缩刑法干预范围即法定犯罪圈，能不作犯罪处理的违法行为尽量不作犯罪处理。在西方国家道德高度刑法化、刑法高度道德化的刑事政策思想和“立法定性——司法定量”的犯罪化模式既存条件下，刑法改革首先是通过将传统的道德犯罪、危害不大的行政犯罪进行非犯罪化处理的方式体现刑法谦抑原则的。而我国则主要是通过“立法定性限制加定量要求”的犯罪化模式来严格控制法定犯罪圈的。尽管两种模式利弊不一，但在体现刑法谦抑原则方面则可以说是殊途同归。其次，刑法谦抑原则还要求严格收缩法定刑罚圈，广泛适用刑罚替代措施。所谓严格收缩法定刑罚圈，是指尽管行为构成了犯罪，依法应当追究刑事责任，但在决定对犯罪行为的反应方式时，严格控制对犯罪行为适用刑罚的条件，在能不适用刑罚、采用其他非刑罚处理手段也能达到预防和控制犯罪的目的时，即排除刑罚的适用，改用非刑罚处理手段。

4.2.2 刑法的谦抑价值实现是法治的内在要求

刑法属于法律体系中重要的部门法之一，因而法治社会对法律的要求如何，亦同样适用于刑法价值的构造。在法治与立法权的限制的问题上，哈耶克指出，法治关注的不是法律是什么，而是法律应当是

①参见张明楷：《刑法格言的展开》，法律出版社 1999 年版，第 289 页。

什么。哈耶克认为法治“意味着政府的一切行动都受到预先确定并宣布的规则的约束——这些规则使得个人有可能确定无疑地预见当局在规定情形下，怎样行使其强制权力以及根据这种知识安排其个人事务”。① 哈耶克就此指出，“法治之法”并非立法机关制定的形式意义上的法律，因为最高立法者随时都可以废除自己制定的法律，它绝对不会用法律限制自己的权力。哈耶克认为，法治与政府的一切行动具有“形式合法性”并没有什么关系，政府行为即使合法也可能不合乎法治，法律完全可以使那种实质上是专断的行动合法化。同样，一个民主制度也完全可能通过法律授予政府无限权力这一方式使专制统治合法化。因此，哈耶克认为，“法治之法”应当具备下列属性：(1) 一般性和抽象性。法律是一种具有持久性、一致性和普遍性的一般规则，而不是由少数人或一人自上发布或者针对特定人发布的即时命令。(2) 确定性和稳定性。法律应确定并具有相对持久的稳定性。法律的确定性主要在于对法院判决的预期结果是确定的。但哈耶克承认，法律的完全确定只是一个理想，它并非指所有的规则都应预先用文字一一详细规定。(3) 消极性或否定性。法律一般是不正当行为的禁令，而不给个人强加积极义务，除非个人以自己的行为招致这类义务。(4) 无目的性。法律不服务于任何具体目的，而服务于不同个人的无数不同目标。(5) 普适性和平等性。即使社会成员的出身、性别、种族、宗教、受教育程度、经济状况等不同，在相同情况下对其具有同等约束力，一律平等适用。(6) 可预见性。法律使个人能够预测到政府在某一情况下将如何行使其强制权力，以及个人在某一情况下将被允许做什么和禁止做什么。(7) 双向约束性。法治要求国家和私人所有的社会成员都受法律制度约束，规则的制定者、执行者和适用者也都应当遵守法律。这是保障自由的重要一环。② 因此，哈耶克强调，法治关键之所在是对政府（或国家）强制权力进行限制，是要

①转引自何勤华：《西方法律思想史》，复旦大学出版社 2005 年版，第 416 页。

②转引自何勤华：《西方法律思想史》，复旦大学出版社 2005 年版，第 417 页。

使执掌强制权力的机构的行动自由减少到最低限度。维护自由、反对专制的目标是建立法治。人们应该关注所使用的手段和方法，而不是要达到的目的。在哈耶克看来，权力的产生有赖于民主，权力的限制则依靠法治。由此可见，对政府（或国家）强制权力进行限制，增加社会成员的行动自由，既是法治的内在要求，也是对刑法的谦抑性价值构造的必然要求。

在倡导刑法谦抑性价值的前提下，有学者提出，"刑法作为国家权力的集中体现，它只能调整个人进入政治国家范围内的行为，而不能触及属于私人领域的市民社会。"进而认为"刑法由以往的无所不及被从私人领域中驱逐出来，限定在调整公共关系，成为与司法相对应的公法的组成部分。"① 也有学者从个人自由和社会秩序的关系的角度，视限制和控制刑罚以保障人权是刑法除维护社会秩序以外的另一个目的，认为"秩序是自由的保证，自由是秩序的根据"，"秩序有必然性的特点，而自由表面似乎是一种任性，但实质上是与必然性相连的理性，""现代刑法的首要任务是维护个人自由，"进而认为"社会秩序离不开刑罚及类似强制措施的保护，但并不天然地需要刑法"。② 从自由与秩序之关系角度说明刑罚限度的控制，一定程度上有益于人们刑法谦抑理念的生成。

此外，法治社会对刑法的谦抑价值要求还体现在法益保护原理上，现代刑法学主流学说法益保护说认为，刑法的机能与任务是保护法益，刑法就是法益保护法，而犯罪的本质则在于对法益的侵害，无法益侵害则无犯罪。刑法将特定行为犯罪化的前提，必须是在相关的社会生活领域存在着被法律所保护、法律能够保护的具体生活利益。如果不存在法律所保护的生活利益，或者生活利益不应被法律所保

---

①参见周光权："公众认同、诱导观念与确立忠诚——现代法治国家刑法基础观念的批判性重塑"，载《法学研究》1998年第3期。

②参见曲新久："个人自由和社会秩序的对立统一以及刑法的优先选择"，载《法学研究》2000年第2期。

护、不能被法律所保护，那么，即使行为侵犯了这些客观存在的生活利益，刑法也不能将其犯罪化。刑法作为法益保护法只能在国家、社会或者个人以其他法律手段无法有效地保护该利益，而只有通过刑法才能有效保护的情况下方能利用，刑法在整个社会利益保护体系中只具有次要的、辅助的作用。刑法的法益保护法性质和第二次法的属性决定了是否存在着被侵犯的重要法益，应当成为将特定行为犯罪化或者非犯罪化的内在根据。①

4.2.3　刑法的谦抑性价值在亲告罪中的体现

某种程度上讲，在所有的轻微犯罪中，亲告罪无论在立法上还是在司法上都最能体现刑法的谦抑性。

首先，亲告罪的立法价值主要体现在刑法的谦抑性之紧缩性或补充性观念。从立法层面上看，立法意义上刑法的谦抑性，更主要的内涵是“非犯罪化”。表现在以下两个方面：（1）刑法的紧缩性，刑法应当是抗制不法行为的最后一道防线，能不用刑罚尽量不用刑罚，能少用刑罚尽量少用刑罚，也有学者称之为必要性原则，意指在以不违反或减弱该法律所追求之目的的前提下，立法者应该选择对人民权利侵犯最轻之方法。本原则因此可称为尽可能最小侵害之原则。② 这是由刑法本身的特性所决定的。（2）刑法的补充性。刑法的补充性并不是指刑法在抗制犯罪上居于次要地位。而是指相对于侵权行为与行政处罚而言，刑罚是抗制犯罪的最后手段。凡是能用侵权行为法或是行政制裁法处理的不法行为，就不必要当做犯罪行为在刑法上规范，使刑罚成为其他法律制裁手段功能不足时的补充手段。

亲告罪侵犯的主要是公民个人人身、财产方面的权利，司法首先不进行介入，如果当事人也不选择刑事诉讼程序，而是采取民事的、经济的、行政的解决纠纷方法，这在客观上极大地保护了当事人的权益，有利于当事人双方进行磋商，有效地解决纠纷，也可以同样达到

---

①参见李海东：《刑法原理入门》（犯罪论基础），法律出版社 1998 年版，第 15 页。

②参见林山田：《刑法通论（上册）》（增订八版），台北台大法学院图书 2002 年版，第 369 页。

保护公民人身、财产方面的权利目的，并且有利于被害人的恢复以及犯罪者的回归，从而获得最大化的社会效益。亲告罪立法显然最能体现上述刑法的紧缩性以及补充性观念。

其次，在司法层面上，亲告罪主要体现刑法谦抑性之经济观念。刑法的经济性要求刑罚的运用应当力求以最少的投入产生最佳的效益，同时尽力避免刑罚副作用。司法意义上的谦抑性，更主要的内涵是“非刑罚化”，“非刑罚化”包含两层意思：一是狭义上的非刑罚化，意味着以非刑罚的处分来代替刑罚（本来的非刑罚化）；二是广义的非刑罚化，除此之外还包括轻微犯罪从“犯罪”的范畴中排除，对这些行为科处行政罚款（第二形态的非刑罚化）。① 从司法角度来看，实现刑法的谦抑性，就是在已构成犯罪的前提下，如何限制刑罚权的发动问题。在亲告罪中通过规定亲告犯特殊的追诉方式，起到限制刑罚权的发动之功效。我国《刑法》第 98 条规定，本法所称告诉才处理，是指被害人告诉才处理。如果被害人因受到强制、威吓无法告诉的，人民检察院和被害人的近亲属也可以告诉。“告诉乃论”制度阻却国家刑法的介入而采取其他民间方式对纠纷进行私下处理，减少刑罚手段的适用，因而避免了刑法的负面效应。同时又能有效地平讼息诉，减少司法成本的投入，避免了司法资源的消耗，全面地体现了刑法的经济性观念，彰显刑法的谦抑价值。有学者指出，亲告罪是把本来由国家公诉机关行使的诉讼权让位于被害人及其近亲属，一旦被害人等不予追究责任而不向司法机关告诉，那么，对犯罪分子的处罚便“非刑罚化”了，从而在某种程度上限制了国家司法权的过度干预，这正是谦抑性的题中之义。②

“正义的主要问题是社会的基本机构，或更准确地说，是社会主要制度分配的基本权利和义务，决定于社会合作的利益之划分的方

①参见［日］森下忠：《犯事者处遇》，白绿铉等译，中国纺织出版社 1994 年版，第 176 页。

②参见熊永明：“亲告犯的谦抑价值之解读——兼论‘亲告罪’范围的扩大”，载《中国刑事法杂志》2005 年第 1 期。

法”。美国学者波斯纳更为直接地指出，“正义的第二种意义，简单说来，就是效益”。[①] 因此，我们不应把眼光只停留在公正与效益的表面冲突排斥上，我们的任务就是寻求公正和效率的最佳平衡，实现法运行于社会的理想状态。各国反犯罪斗争的成功经验与失败教训一再表明，任何刑事政策的制定与推行，若不考量投入成本与产出效益，就会产生“排挤效应”，即在国家与社会可以利用的资源总量稀缺和相对确定时，投入犯罪控制的资源的增加，相对地就会导致其他社会福利或公共建设支出的减少。国家财政投入打击犯罪、建造监狱和羁押罪犯的经费增加，必然相应地削减国家在教育、就业和社会公共福利方面的投入，而促成犯罪后备军队伍力量的壮大。[②]

从国家的层面来看，国家的司法资源是有限的，而犯罪是不可杜绝的社会现象。这就要求对用于追诉和惩罚犯罪的司法资源进行合理有效的配置，要求以最小的司法成本或司法投入获取最大的社会效益。在刑事法律中引入亲告罪制度，正是为了适应节省市场交易成本和提高社会经济效益的社会发展趋势的需要。一个国家惩罚犯罪需要投入相应的成本，其中最主要的是刑事审判制度的成本，包括公安机关、检察机关、辩护律师、法院、拘留所和监狱等的费用。据初步估计，一个被判处 3 年有期徒刑的罪犯，刑期执行完毕，国家要为其投入至少 5 万元的资金，而罪犯在狱中进行劳动改造，可能产生的物质财富仅为 1 万元左右。[③] 一方面，我国是在社会财富、政治民主、社会文化“发展不足”的状况下进入社会转型期的，国家可用于犯罪控制的资源是十分有限的；另一方面，社会转型时期，各种社会问题和矛盾急剧增多，因而立法者在立法上追求犯罪化，扩大犯罪圈，而大规模的犯罪化立法要求大量迅速地司法投入。因此，以有限的司法资

①参见［美］理查德·A. 波斯纳：《法律的经济分析》，蒋兆康译，中国大百科全书出版社 1997 年版，第 74 页。

②参见梁根林：《刑事法网：扩张与限缩》，法律出版社 2005 年版，第 238 页。

③参见孙林：《法律经济学》，中国政法大学出版社 1993 年版，第 153 页。

源控制犯罪必然要以最小的成本支出达到最大限度地遏制犯罪的效果。为了达到这一目的，刑法不可能对所有的需要制裁的违法行为进行普遍干预、平均地投入资源，而必须有所选择、有所放弃，把有限的资源集中到打击危害严重的犯罪行为上。从个人的层面来看，效率也是现代社会的市场主体对司法基本价值的追求。因而，理性、科学的刑法"应该在重视人的主体性的基础上，承认并保障市场主体的对利益的最大化追求。现代司法制度应该以效率为价值取向，这是理性主体在追求和实现自己利益最大化过程中对司法的基本要求"。① 因此，设立亲告罪制度，一方面满足了国家司法资源的稀缺性要求，另一方面也满足了被害人对效率价值目标的追求，从而以最少的人力、物力和财力，在最短的时间内最大限度地满足人们及社会对正义、自由、秩序的需求。②

总之，由于刑法的谦抑性，刑罚具有最后手段性，只有当其他手段都不能实现正义，都不能维护公民的合法权益和社会秩序，才动用刑罚。但即使在动用刑罚的时候，国家也不应该完全地控制、垄断这种权力，而应保持一定的灵活性，给当事人留下较大的选择空间。这就是亲告罪的谦抑价值所在。

4.3 亲告罪的刑事政策价值

4.3.1 轻罪刑事政策的适用

我国刑法中并没有区分轻罪与重罪，但是通常认为，"轻罪"是指可能被判处 3 年有期徒刑以下之刑罚的轻微犯罪，包括偶犯、初犯、过失犯等主观恶性不大的犯罪，以及未成年人犯罪等。除轻罪以外的犯罪都属于重罪。刑事政策，是为刑法定罪科刑的政策，刑法的制定与运用都应由刑事政策的观点出发，以是否合乎刑事政策的要求为指归。当前，"轻轻"、"重重"的刑事政策是世界各国应对不同犯

---

①参见刘敏：《当代中国的民事司法改革》，中国法制出版社 2001 年版，第 65 页。

②参见宋波："刑法价值视野下的'亲告罪'制度研究"，引自北大法律信息网。

罪的基本策略。因此，实行严厉和宽松相结合的两极化的刑事政策同样成为我国刑事政策的理性选择。其中，“轻轻”就是对轻微犯罪较以往更轻处罚，基本策略是刑事立法上的“非犯罪化”、刑事司法上的“非刑罚化、程序简易化”、刑事执行上的“非机构化、非监禁化”。“重重”就是对严重的犯罪，如暴力犯罪、有组织犯罪、毒品犯罪、累犯等，处罚较以往更重，基本策略是刑事立法上的“入罪化”、刑事司法上的“从重量刑、特别程序和证据规则”和刑事执行上的“隔离与长期监禁”。我国传统上将其称为宽严相济的刑事政策。① 区分“轻轻”、“重重”刑事政策的价值在于缩减刑法正式干预的范围和强度，逐步实现“非刑罚化”。由此，将大量犯罪，特别是只侵犯个人法益的轻微犯罪规定为亲告罪，再辅之以替代刑罚措施的适用，缩减刑罚系统内部惩罚范围或强度，可以达到“轻轻”的刑事政策效果。

从立法上看，一是刑罚系统从法定的“犯罪”（crime）或“重罪”（felony）转化为法定的“微罪”（misdemeanour）。如德国 1975 年对刑法典进行一项改革，排除了违警罪的刑事犯罪的性质，把违警罪只作为对法律的一般违反，只处行政罚款，而不处刑事罚金；葡萄牙和意大利用刑法以外的方法处理数量巨大的、同时给法院带来极大负担的轻微犯罪。二是在立法中对轻罪广泛适用罚金刑和缓刑。罚金刑现已成为许多国家刑罚体系中的主刑，并且将其作为短期自由刑的一种替代措施，主要适用于所有的轻罪行为。在某些国家罚金刑已取代短期自由刑而成为制裁轻罪的主要方式。在实践中，缓刑作为避免短期自由刑弊端、有条件执行的心理强制作用和依靠社会力量帮助犯罪人复归社会的一种措施，也得到了普遍的应用。如 1991 年德国大约有 84％的被判刑的成年人被处以罚金刑，只有约 16％的人被处以自由刑，而这其中又有 68％的人被判缓刑，判处 1 年以下自由刑获缓刑的比例更是高达 75％。②

---

①参见中央政法委员会：“严打：走进经常性工作机制”，载《人民日报》2004 年 2 月 4 日。

②参见刘东根：“两极化——我国刑事政策的选择”，载《中国刑事法杂志》2002 年第 6 期。

从司法上看，对轻罪实行刑罚轻缓化和非刑罚化原则。刑罚轻缓化是指对于已经确定为犯罪的行为，如果适用较轻的刑罚即可，便没有必要适用较重的刑罚。刑罚的轻缓化，要求国家在运用刑罚规制社会生活时，应适当控制刑罚的适用范围和严厉程度，并力求以最小的刑罚成本达到最大的社会效益，即少用或不用刑罚获取最大的社会收益。其中，用较少负面作用的制裁如罚金、缓刑、刑事和解等替代监禁性刑罚等，都可以被认为是非刑罚化的可供选择的形式。在司法上除刑事实体方面体现为量刑的轻缓化以外，对轻罪的刑事政策表现为刑事诉讼中非刑罚化，即在刑事程序方面的适用，主要表现为：（1）酌定不起诉与暂缓起诉制度。对某些已经构成犯罪，但由于情节轻微没有追究必要的轻罪，检察机关可作酌定不起诉的“非刑罚化”处理。目前在司法改革中还出现了暂缓起诉方式，即指对于某些已经达到提起公诉标准的犯罪行为，基于犯罪嫌疑人的自身状况、刑事政策以及诉讼经济的考虑，通过设定一定的暂缓起诉期间和条件暂时不提起公诉，而是在暂缓起诉期间终结时再根据犯罪嫌疑人的悔过情况等作出最后处理决定的一种诉讼制度，也能达到非刑罚化同样的效果。（2）调解与和解制度。刑事诉讼法规定了自诉案件、告诉才处理和被害人有证据证明的轻微刑事案件的调解制度，这是一种典型的非刑罚化措施，在平等、自愿、合法的基础上，按照当事人之间达成的协议结案。刑事和解制度也是司法改革中的新事物，其核心内容是促进犯罪人与被害人之间进行和解，犯罪人的和解努力和对损害的赔偿可以作为法院减轻其刑罚的情节，若为轻罪，甚至可以免予刑罚。（3）简易程序方式。适用简易程序审理的轻罪犯罪人通常能够得到比适用普通程序较轻的刑罚。辩诉交易也属简易程序中的一种，因其结案快速、灵活，在西方国家得到广泛采用。但辩诉交易我国能否引入还有待讨论。

此外，在西方国家对轻罪的形形色色非刑罚化措施中，值得一提的是“转处”（转向处分）的适用，“转处”也被称为刑事和解实践模式之一，指对于犯罪案件不以正常的刑事司法程序处理而改用另一种方式处理，即使通常可以诉诸刑事诉讼解决的冲突避免进入刑事程序或者中断刑事程序的一切措施。在美国，人们还努力争取公共和私人的帮助以及利用调解程序，并且通过某些非官方机构和团体的介入，避免使冲突诉诸刑事诉讼。如对初犯或青少年犯较轻微之罪，不予审判，更不予处罚，而代之以教育性辅助措施。转处的刑事政策意义在于，缩小传统的刑事案件处理范围，对不需要复杂处理的轻微案件，谋求转向处分，以缓解刑事积案，提高司法效率。“事实上的非犯罪化”与“转处”也往往同时使用。联合国资助的赫尔辛基犯罪预防与控制研究所前任所长英克利·安迪拉则将其概括为“使用替代性措施代替标准刑事程序的一切努力”。作为一项刑事政策实践，“转处”渊源为 1969 年费城市政法院设立的仲裁庭和 1970 年在俄亥俄州发展的哥伦布市首席检察官之“夜间公诉人计划”。这两项计划的内容都是在刑事法庭之外处理大量的轻微刑事案件，给予冲突双方讨论其冲突的机会，并试图解决纠纷。① 时至今日，“转处”的形式在不断发展。在刑事诉讼的某个阶段甚至在刑事诉讼程序启动之前所采取的许多替代或阻止刑事诉讼的措施，从警方的警告、将囚犯从普通监狱转移到特别设施到给予潜在犯罪被害人以辅导，都被冠之以“转处”的时髦术语 。“转处”的刑事政策基础在于合理化刑事司法程序、消除刑事程序的强制措施的消极影响、克服现行刑罚制度的无效。在这样的刑事政策理念驱动下，“转处”不仅成为“事实上的非犯罪化”的重要途径，而且进一步催生了世界范围内“恢复性司法”的政策理念，促进了刑事政策从压制性、惩罚性和报应性刑事政策向恢复性、休养性、复原性刑事政策的缓慢而持续的演变。②

4.3.2　亲告罪的“轻轻”价值

从文化价值层面讲，实行“轻轻”刑事政策是对我国古代“刑罚

---

①参见 Inkeri Anttila，“The Benefits and Burden of Diversion，Crime and Criminal Policy”，Franco Angeli，1985。

②参见梁根林：《刑事法网：扩张与限缩》，法律出版社 2005 年版，第 234、235 页。

世轻世重”、“德礼为政教之本、刑罚为政教之用”等传统法律文化思想，以及当代国外“轻轻”、“重重”刑事政策的合理因素的吸收和借鉴，这是对刑罚功能及其规律探求的结果。古今中外的实践表明：刑法只是社会控制的一种方式，它的适用，必然会导致对当事人的自由、尊严和财产的重大侵犯和由此导致的其他社会不利后果。因而必须在最大可能限制的范围内使用。因此，从维护社会秩序和保障人权的角度来看，世界上大多数国家的刑事司法实践中均采用“轻轻”刑事政策，以尽可能用少量轻缓的刑罚达到刑罚的价值目的和实现刑法的机能。

诚然，由于东西方文化传统的差异，法律价值观也有所不同。在西方，法律与权利密不可分，甚至可以相互解释。这是因为法律最早在西方形成于平民与贵族围绕权利而展开的斗争，而一般人之间的纠纷也都是通过诉讼对权利义务的确定来解决的，因此权利成了西方法律和诉讼的核心。但在传统中国，调解与调判的目的不是对双方权利义务的确定，而是为了平息特定的争讼，达到和谐无讼，所以，对于生活在中国传统中的人们，法律是容易理解的，而法即权利却是一个陌生的概念。①苏力先生在《法治及其本土资源》中谈到，任何法律制度和司法实践的根本目的都不应当是为了建立一种威权化的思想，而是为了解决实际问题，调整社会关系，使人们比较协调，达到一种制度上的正义。在他看来，界定权利与建立权利保护机制的权力应该是分散化的，在可能的情况下应更多地考虑当事人的偏好（意愿）。“我们应当说，中国当代正式法律的运作逻辑在某些方面与中国的社会背景脱节了。——应当考虑在特定的文化语境中，哪一种定义和权利保护机制更有利于社会发展和社会和谐，均衡相关各方的利益。”②在西方文化传统的国度，司法活动对社会的干预应该具有相当严格的消极性，“尽管我国司法上有这样的规定，有不告不理的司法原则，

---

①参见张中秋：《比较视野中的法律文化》，法律出版社 2003 年版，第 248 页。

②参见苏力：《法治及其本土资源》，中国政法大学出版社 2004 年版，第 29、30 页。

但在我国，这个问题一直未能得到足够重视并在理论上展开分析。”① 因而，亲告罪的价值实现应该说在我国还未引起充分重视。

如前所述，从广义上讲，非犯罪化、非刑罚化、非监禁化都可以视为“轻轻”、“重重”刑事政策中“轻轻”的措施。对亲告罪非犯罪化的理论依据在于，行使私权的行为不为罪，是犯罪的公共危害性质或者法益侵害本质的客观要求，也是刑法作为公法的法理的必然反映，是现代法治社会对国家刑罚权运作的基本限制。当然，不能因此而得出应当绝对地禁止国家干预公民行使私权的行为的简单化结论。因此，即使是自由主义的哲学家与法学家，在主张国家不能干预国民行使私权的行为的同时，也主张基于国家的道义责任对该原则进行适当的限制。在美国最高法院看来，凡缺乏可查明的社会危害的私人活动不应当在法律上被规定为犯罪，这也是正当法律程序对刑事立法权的一种实质性限制。② 对亲告罪的非刑罚化处理也是“轻轻”刑事政策的应有之义。因为刑罚有其固有的局限，刑罚的资源是有限的，有限的资源应当使用到最需要刑罚规制的地方，即刑罚的使用应当集中在维护社会最基本的秩序和最需要维护的秩序上。从经济学的角度分析，完全执法的观念也必须扬弃，因为即使存在完全执法的可能性，也不应该完全执法，原因在于成本过于高昂。只有这样，才能“合理有效地组织对犯罪的反应”。对于性质、情节和后果都比较轻微的犯罪则尽量不用刑罚手段予以调整，这样我们才可能以最少的刑罚资源投入达到最大的控制和预防犯罪的效果，从而使我国刑法的运行实现效益最大化。

此外，适用“轻轻”刑事政策的对象除了考虑必须是轻微犯罪外，还立足于考察犯罪者的人身危险性，如果犯罪者再犯罪的危险性很高，即使是轻微犯罪，也会判得很重。例如，在美国的一些州，对罪犯第一次犯的轻罪非常宽容，警察可能不移送检察机关，检察官可能不起诉至法庭，即使起诉到法庭，法官判得也很轻。而对第二次的

---

①参见苏力：《法治及其本土资源》，中国政法大学出版社 2004 年版，第 157 页。

②参见梁根林：《刑事法网：扩张与限缩》，法律出版社 2005 年版，第 72 页。

轻罪，判刑就要重得多。但是如果到了第三次，有时候罪可能很轻，但判刑非常重，甚至可能会判处终身监禁。亲告罪中犯罪主体或犯罪所侵害的对象一般比较特定，如侵犯隐私权犯罪中限于知道其隐私的知情者与被知情者，邻里纠纷中的熟人圈，其犯罪者再犯人身危险性较小，适用“轻轻”刑事政策能达到刑罚的教育刑与刑罚个别化之目的。反之，从人身危险性较小角度看，交通肇事、医疗事故等犯罪中，因是过失犯罪，行为人主观恶性和人身危险性都较小，如果作亲告罪处理，更符合“轻轻”刑事政策。

4.3.3 亲告罪的“事实上的非犯罪化”价值

非犯罪化（decriminalisation）和犯罪化（criminalisation）是刑事政策特别是刑事立法政策确定刑法干预范围、划定犯罪圈过程的一体两面，两者分别体现了不同的刑事政策方向：犯罪化代表扩张刑法干预的扩张主义的刑事政策方向，非犯罪化代表收缩刑法干预范围的缩减主义的刑事政策方向。犯罪化与非犯罪化之间存在着某种张力。如果说，犯罪化的刑事政策价值在于用法律宣告对实施了特定犯罪的人将科处一定刑罚，并通过刑罚的威慑作用唤起、强化国民的规范意识，以期达到使一般人避免犯罪的效果，那么，非犯罪化的刑事政策意义则在于纠正基于国家的强烈处罚要求的过剩犯罪化倾向，立足于谦抑主义的立场，设置适当的犯罪。①

告诉乃论可以被视做向非犯罪化过渡的方式之一。我国台湾地区学者林山田教授认为：所谓非犯罪化（ 其称去犯罪化 ），是指“针对现行刑事实体法所规定的犯罪行为，通过刑事实体法的修正，将其删除，使其被从刑事制裁法体系中除籍，而不再是刑事实体法所要加以处罚的犯罪行为；或者仍旧保留为犯罪行为，但却舍弃其刑罚的执行或为附条件的判决，而使行为人不致受到刑罚的制裁，或者增设追诉要件，或者在刑事程序法上规定不予追诉等”。可见，亲告罪仍然是

①参见［日］大谷实：《刑事政策学》，黎宏译，法律出版社 2000 年版，第 83 页。

犯罪行为，但可以通过“告诉乃论”的追诉要件，使未被告诉的行为人不致受到刑罚的制裁，一样达到非犯罪化的效果。林山田还指出，刑事立法政策上的去犯罪化包括下列五种可行的方法：第一，除罪化。即通过刑事立法手段，对于刑事实体法明定的犯罪行为，自刑法规范中加以删除，而分别为下列三种不同的处理：(1) 单纯的除罪化，即不另设替代性的制裁，单纯将某特定犯罪行为加以除罪化，删除其在刑事实体法中的制裁规定，使其从刑事制裁法体系中消失。(2) 改成民事不法的除罪化，亦即对于罪责轻微的微罪，以惩罚性的损害赔偿替代刑罚的法律效果，将刑事不法行为改为民事不法行为，而予以除罪化。(3) 改成行政不法的除罪化，亦即删除制裁特定犯罪行为的刑法条款，并将该行为的制裁规定改为规定于秩序违反法之中，赋予秩序罚的法律效果，将该犯罪行为除罪化，而由刑事不法行为改为行政不法行为。第二，除刑化。指通过刑事立法手段，对于刑事实体法明定的犯罪行为若具法定要件者，则规定得舍弃刑罚，使违反该犯罪的行为人虽仍成立犯罪，并宣示其罪责，但却免受刑罚的制裁，包括：(1) 因行为的轻微性（轻微的行为不法、轻微的结果不法与轻微的罪责）而舍弃刑罚。(2) 因中止犯或后悔而防止发生损害而舍弃刑罚。(3) 因天谴而舍弃刑罚。第三，缓刑。包括暂缓刑罚的宣告与暂缓宣告刑的执行。第四，增设追诉要件。亦即在刑事立法上针对本属非告诉乃论的特定犯罪，因其行为的轻微情状而明定必须告诉乃论。第五，不予追诉。包括舍弃追诉、停止程序、暂时舍弃追诉与暂停程序。①

告诉乃论属于事实上的非犯罪化。台湾地区学者许福生认为，广义的非犯罪化与广义的非刑罚化，可以被统称为除犯罪化，即将原本法律规范的犯罪行为通过立法程序或法律解释将其排除在刑罚处罚之外。至于除罪化的形态则包括：(1) 立法上不除罪而只除刑之“除刑化”，即将原为犯罪而科处刑罚的行为，修正为仍是犯罪行为但不施

---

①参见林山田：《刑法的革新》，台湾学林文化事业有限公司 2001 年版，第 127－141 页。

予刑罚，而以其他非刑罚的措施替代。(2) 立法上既除罪又除刑之“除罪化”，即因法律的废止或修正将原来为犯罪的行为修正为非犯罪的行为，当然也不予刑罚处罚。(3) 司法上之“除罪化”，即通过司法实务判例的变更将其原来为刑罚处罚的行为解释为以后不受刑罚处罚的行为。(4) 事实上的除罪化，即指刑罚法规尚属有效，但执法机关基于某些理由事实上很少适用此法规加以处罚。法国学者马蒂教授认为，非犯罪化的含义应从最广泛的意义上来理解，它不仅包含了刑罚制度的消失，而且意味着所有替代性反应的不复存在。作为一项刑事政策运动的非犯罪化，既可能源于某种官方的选择（法律上的非犯罪化），也可能源于某种一般的实践（事实上的非犯罪化）①。

在欧洲理事会犯罪问题委员会 1980 年发表的《非犯罪化报告》中，“事实上的非犯罪化”(de facto decriminalisatiom)，是指“尽管刑罚制度的正式能力没有发生任何变化，但刑事司法制度对特定情况下特定行为（逐渐）减少其反应活动的现象。”②《非犯罪化报告》虽然没有专门研究事实上的非犯罪化，但也勾画了事实上的非犯罪化的主要路径，这些路径主要有不把实施犯罪行为的人交给警察处理、警察通过行使自由裁量权对特定案件不采取行动或转交其他社会系统处理、检察官行使自由裁量权不起诉犯罪、法院科处最低限度或者象征性的刑罚，等等。③ 在《非犯罪化报告》的影响下，欧洲国家不仅通过改变立法规定，对刑法干预范围进行调整，根据变化的社会观念特别是保障人权与自由的要求，对特定行为进行法律上非犯罪化，而且通过刑事司法机关的不断实践和创新逐渐收缩刑法干预国民行为的范围，代之以非刑罚的其他正式或非正式反应方式的干预与调整，因而形成了与“法律上的非犯罪化”并驾齐驱的“事实上的非犯罪化”，而

①参见［法］米海依尔·戴尔玛斯·马蒂：《刑事政策的主要体系》，卢建平译，法律出版社 2000 年版，第 254 页。

②参见 European Committee on Crime Problem：“Report ON Decriminalisation”，p. 166. Strsbourg，1986。

③参见梁根林：《刑事法网：扩张与限缩》，法律出版社 2005 年版，第 228 页。

“事实上的非犯罪化”往往又酝酿和推动了“法律上的非犯罪化”。①

亲告罪在性质上是轻微犯罪，在立法上不能将大量轻微犯罪除罪化的条件下，亲告罪显然是非犯罪化的最好路径。尤其是亲告罪是否进入刑事司法程序以被害人是否告诉为要件，而被害人的意愿又取决于一些协调机构的措施是否有力、社区司法条件是否完善，等等，亲告罪的存在，为司法实践中“事实上的非犯罪化”提供了天然土壤。从欧洲各国的刑事政策实践分析，“事实上的非犯罪化”主要表现为“避免进入刑事司法系统”和“在正式程序启动后中断刑事司法程序”两大基本方面：

（1）避免进入刑事司法系统。通过避免使犯罪嫌疑人进入刑事司法系统实现事实上的非犯罪化，即避免举报犯罪或犯罪嫌疑人，为嫌疑人提供帮助或庇护以及拒绝正式登记在案或不处理犯罪嫌疑人。其中，在刑事政策实践中形成的使被害人不举报犯罪或犯罪嫌疑人的制度化方式有：①正式赋予私人组织对其成员行使纪律惩戒权力，在许多国家的医疗行业和法律行业都可以发现这种方式；②容忍私人司法，如在罪犯工作场所的制裁、对商店窃贼或者骗取费用的人进行非正式的制裁；③加强被害人与犯罪人之间的调解，提供有效的被害人帮助计划。

（2）中断刑事司法程序。一旦正式的刑事司法程序启动，如果没有刑事司法机构的合作一般便不可能中断司法程序，除非法律允许被害人有效撤回控诉。包括避免羁押、避免审讯、避免定罪量刑三种实现“事实上的非犯罪化”的途径和方式。② 在亲告罪中，撤回控诉是被害人的当然权利，在侦查阶段、起诉阶段、审判阶段撤回控诉都会发生中断刑事司法程序的法律效果，从而避免对犯罪人的羁押和审讯，最终避免了对被告人的定罪量刑。

---

①参见［法］米海依尔·戴尔玛斯·马蒂：《刑事政策的主要体系》，卢建平译，法律出版社2000年版，第254页。

②参见梁根林：《刑事法网：扩张与限缩》，法律出版社2005年版，第228、229页。

第5章 亲告罪的制度论

5.1 亲告罪立法比较

当今世界各国，特别是大陆法系国家，尽管在法制传统、文化背景、道德伦理、风俗习惯等方面存在较大差异，但都不约而同地在其刑事立法上规定有告诉才处理犯罪、本罪经被害人告诉才予处罚、告诉乃论等一类我们统称为亲告罪的犯罪。例如，德国、奥地利、瑞士、西班牙、芬兰、挪威、意大利、巴西、泰国、日本、韩国等绝大多数国家都有亲告罪的法律规定。据不完全统计，德国为35种（不含《反不正当竞争法》等9项单行法规定为告诉乃论的各种犯罪），意大利为52种，日本为23种，瑞士为40种，巴西为43种，西班牙为7种，韩国为24种，俄罗斯有7种规定为亲告罪。法国尽管只有公诉、没有自诉，但也在其刑法典中将2种犯罪规定为告诉乃论。① 而与中国大陆具有相同文化背景的中国台湾地区“刑法”中共有九个章节规定有38个亲告罪罪名，澳门特别行政区刑法典涉及亲告罪的条文也有52条之众，亲告罪的重要性可见一斑。因此，比较各国在亲告罪的立法技术与立法内容方面的差异，对于我国刑事立法中对于亲告罪的完善极具借鉴价值。

---

①参见陈妮：“中外告诉乃论比较研究”，载《政法论坛》2001年第1期。

5.1.1 国外亲告罪立法技术概况

（一）立法形式比较：繁复与简约

从刑法总则与分则规定看，各国刑法典有关亲告罪的规定不外乎两种形式：一是总则加分则相结合，即先在刑法总则中作出一般性的规定，又在刑法分则的有关章节明文规定具体罪名，如德国、西班牙、瑞士、意大利、泰国等国及澳门特别行政区的刑法典；二是在刑法分则的有关罪名中明文规定告诉才处理，而刑法总则中并无一般性规定，如法国、韩国、日本等国家的刑法典。一般说来，在刑法典中对某一犯罪的立法采取总则与分则相结合的方式比仅仅在分则中规定在立法技术上较为科学，特别是对某一类具有共性的特定犯罪。从多数国家对亲告罪立法采取总则与分则相结合的方式来看，正好说明了亲告罪作为与非亲告罪的法定二元分类具有独立存在的理论基础和实用价值。我国《刑法》第98条明文规定“本法所称告诉才处理，是指被害人告诉才处理。如果被害人因受强制、威吓无法告诉的，人民检察院和被害人的近亲属也可以告诉。”《刑法》第246条的侮辱罪、诽谤罪，第257条第1款的暴力干涉婚姻自由罪，第260条第1款的虐待罪，第270条的侵占罪中规定“告诉才处理”，即属于第一种情况。

从实体法和程序法规定看，由于亲告罪立法除实体刑法上规定具体罪名构成条件外，还涉及被害人告诉权行使等一系列诉讼机制的程序法问题。有的国家将亲告罪的诉讼条件规定在刑法典中，如《挪威一般公民刑法典》第7章专章对公民申请起诉作出规定，《奥地利联邦共和国刑法典》第117条、《瑞士联邦刑法典》第28条对告诉权也有详尽规定。《德国刑法典》除规定告诉权外，还将时效权吸收进来，因为德国学者认为，追诉时效是一个介乎实体刑法与诉讼法之间的法律制度，因为追诉时效的根据主要存在于实体法，但其效果被局限于程序部分。① 相形之下我国对亲告罪的规定中仅有《刑法》第98条

①参见［德］汉斯·海因里希·耶赛克、托马斯·魏根特：《德国刑法教科书》，徐久生译，中国法制出版社2001年版，第1087页。

对告诉权的主体简约笼统的规定，对告诉权如何行使参见刑事诉讼法的相关规定，但几乎没有有关对告诉权人的具体范围及其顺序、告诉时效、诉权处分方面的法律规定。

从亲告罪具体个罪的立法规定上看，多数国家的亲告罪都可区分为纯正亲告罪与不纯正亲告罪两类，即同一法律条文里根据不同的情形区别对待，有的罪名全部为告诉乃论，有的罪名既包括告诉乃论情形又包括提起公诉的情形。对于前一类可称之为纯正亲告罪，后者可称之为不纯正亲告罪（复合型的亲告罪）。纯正亲告罪如《西班牙刑法典》规定的诬告陷害罪和侮辱罪，《瑞士联邦刑法典》中规定的轻伤害、过失伤害、诽谤、侵害文件秘密、偷听和录制他人谈话、滥用电话、未经许可获取他人资料等犯罪；不纯正亲告罪如《泰国刑法典》中一般情形的强奸、强制猥亵告诉的才处理，但如果是公然进行或造成被害人伤亡则属于公诉罪；《芬兰刑法典》中侵犯家庭房产、侵犯公共房产、窃听、偷窥，或窃听、偷窥罪（预备），以及轻微盗窃、轻微侵占与各种非法使用、捕猎的犯罪涉及非常重要的公共利益时，公诉人可以提出指控；等等。我国刑法规定的五个亲告罪罪名中，除侵占罪属于纯正的亲告罪外，其余的侮辱罪、诽谤罪、暴力干涉婚姻自由罪、虐待罪四种罪均属于不纯正亲告罪。例如，关于虐待罪《刑法》的第260条第3款规定："犯第一款罪，告诉的才处理。"这就说明虐待罪第2款规定，即虐待致使被害人重伤、死亡的不能适用亲告罪，只能适用公诉程序。《刑法》第257条规定的暴力干涉他人婚姻自由致使被害人死亡的、《刑法》第246条规定的侮辱、诽谤他人而严重危害社会秩序和国家利益的，亦是如此。

对于纯正的亲告罪与不纯正的亲告罪，也有观点认为以下因素可以决定不纯正亲告罪的成立：一是社会危害性的大小，如我国刑法将侮辱、诽谤罪的基本犯规定为亲告罪，而将加重犯排除在亲告罪之外；二是犯罪人和受害人的关系也影响着亲告罪的成立，如不少国家都将亲属间的盗窃行为规定为亲告罪；三是犯罪人的特定身份，如《德国刑法》第201条规定了侵害言论秘密罪，该条共有5款，第1、

2款规定的主体是非身份犯，第3款则规定了“公务人员或从事特别公务的人员”等特殊主体犯本罪的情形，第201条第1、2款实行“亲告”，但本罪的特定身份人员犯本罪并不能“告诉乃论”。[①]

（二）亲告罪追诉机制比较：相对私诉与绝对公诉

亲告罪中告诉与自诉、私诉含义不完全相同。自诉与公诉都是依据刑事程序法确立的相对应的追诉犯罪形式。自诉程序作为公诉模式独占的补充和例外，也是对检察官滥用起诉权的限制。亲告罪的告诉，是被害人请求对侵害人提起刑事追诉而向有关机关作出的意思表达，在适用程序上属于自诉程序范畴。自诉属于私诉的一种，是指被害人或者他的法定代理人直接向法院提起控诉请求，要求追究犯罪人刑事责任的形式。自诉程序可以不经检察官之侦查起诉，而由自诉人直接到法院提起，刑事案件的自诉人因此可取代公诉程序中检察官的当事人地位。对一般犯罪而言，告诉的意义即“告发举发”，是发动侦查的来源。在多数国家，亲告罪的告诉不仅仅是发动刑事诉讼的来源线索，更是追诉犯罪的必要条件，没有告诉即无法启动刑事诉讼程序追诉犯罪、处罚犯罪人。具体而言，在我国，亲告罪中“告”是指告诉并且限定为向人民法院起诉，而日本刑法中的“告”是指控告、告发，即向追诉机关控告、告发。在采取综合主义立法模式的德国刑法中，“告”则兼具以上两种含义。在同一部刑法典内，亲告罪的具体罪名不同，告诉方式也有差别：告诉一般表现为积极的作为，而对某些犯罪，告诉则表现为一种消极的不作为，亦即没有明确反对公诉的意思表示时，即推定为告诉。因此，就世界范围而言，亲告罪中的告诉包括自诉和公诉两种程序，即亲告罪可以由法院直接受理，也可以向检察机关提出指控，由检察机关提起公诉。

亲告罪中的告诉也不同于“不告不理”。不告不理和告诉才处理的共同之处在于案件都是只有经过起诉，法院才予以受理。两者的区

①参见杨高峰、杜启新：“亲告罪立法比较”，载《郑州大学学报》（哲学社会科学版）2002年第1期。

别是：（1）不告不理是一种诉讼原则，体现了审判权和控诉权的分立，即作为审判机关的法院只具有审判职能，不能兼有控诉职能而自追自审；而告诉才处理是指司法机关在受理某些犯罪案件时，必须有被害人或者他的法定代理人向司法机关告诉，司法机关才能处理。告诉是司法机关受理这类案件的前提条件。（2）适用的范围不同。不告不理适用于一切诉讼案件，包括刑事案件、民事案件和行政案件，没有起诉人（包括检察机关）向法院起诉，法院不能受理；而告诉才处理仅指某些刑事犯罪，必须有被害人的控告，司法机关才能追究被告人的刑事责任。① 综上所述，从追诉机制上看，各个国家无一例外都是或以自诉程序或以公诉程序或自诉程序、公诉程序并用三种方式追诉亲告罪犯罪。依据各国亲告罪立法中告诉对象、告诉权主体及追诉方式方面的不同可划分为三种模式。

第一种是一元制自诉的立法模式，以我国刑法为代表。我国刑法分则将侮辱罪、诽谤罪、虐待罪、暴力干涉婚姻自由罪的基本犯和侵占罪规定为“告诉才处理的犯罪”，我国《刑事诉讼法》第170条又进一步对“告诉才处理”加以限定，将其规定为自诉案件的一种。在我国亲告罪是指被害人及其近亲属直接向人民法院告诉，人民法院经过审查，符合立案条件的才予以开庭审理。这就基本上排除了被害人一方依靠公诉机关获得救济权利的可能性。除被害人一方因受强制、恐吓无法告诉的，人民检察院代为提起公诉的以外，亲告罪不能以公诉的方式追诉。

第二种是一元制公诉的立法模式，亲告罪与自诉案件并没有必然联系。以日本、法国为代表。日本实行公诉独占主义，对刑事案件的控诉权由公诉机关独占，没有自诉制度。亲告罪中被害人的控告只是检察机关提起公诉的前提条件。被害人提起控告后，必须由检察官起诉，法院概不受理被害人的自诉。日本刑法将亲告罪界定为“告诉的才能提起公诉”，亦即告诉权主体方的控告是国家公诉机关提起公诉

①参见郁卫平：“亲告罪若干问题的研究”，华东政法学院法律硕士专业学位研究生论文。

的前提。在英美法系国家，检察机关则直接替代当事人，完全取代被害人成为诉讼当事人之可能，所有刑事案件都采用公诉程序，更没有所谓自诉案件之设计。

第三种是公诉加自诉二元制的立法模式，以德国、意大利、俄罗斯等国家的刑法为代表。例如，德国实行公诉和自诉相结合的二元制控诉体制，其《刑事诉讼法典》第 374 条规定了八类自诉案件，其中有侮辱罪、侵犯通信秘密罪、伤害他人罪、损害财产罪等五类犯罪是刑法所规定的亲告罪。对前述四类亲告罪由被害人以自诉的方式直接向法院告诉，其余的亲告罪则以公诉的方式予以追诉。如俄罗斯刑事法律规定，对于告诉乃论罪中轻微伤害、侮辱、诽谤罪，被害人可直接向法院自诉，对于较重的强奸、侵犯著作权发明权罪，被害人告发后，经过侦查，由检察长向法院提起公诉。① 该立法并未将亲告罪拘泥于公诉或者自诉，而是根据亲告罪案件的性质将亲告罪确定为公诉或自诉案件。

在我国，亲告罪只能以自诉的方式追诉，它是自诉案件中的一种，在立法范围上亲告罪同自诉案件是一种交叉关系。亲告罪同自诉案件具有某种自然的亲和性：由于亲告罪被告人所侵犯的多系私法权益，而这些权利当事人具有一定程度的可处分性，自诉的追诉方式恰好能为当事人处分诉权提供便利条件。

5.1.2　部分国家与地区亲告罪立法内容：罪名与种类

总的看来，各个国家的亲告罪立法不仅立法技术上存在着形式上的差异，在亲告罪的概念、范围和内容上也有很大不同，下面以德国、西班牙、瑞士等国亲告罪立法的罪名与种类为例：

1. 德国。德国刑法典属于告诉乃论的犯罪的有，简单的故意伤害和过失伤害（第 232 条），不同形式的侮辱（第 194 条；关于对特定政治暴力措施或专制措施的被害人的侮辱，参见第 194 条第 1 款

---

①参见《中国大百科全书·法学卷》，中国大百科全书出版社 1984 年版，第 152 页。

第 2 句、第 2 款第 2 句），非法侵入他人住宅（第 123 条第 2 款）、损坏财物和破坏计算机（第 303 条 c），盗窃、侵占和大多数财产犯罪，但以针对亲属或在同住者实施（第 247 条）或盗窃或侵占的物品价值甚微的（第 248 条 a），泄密（第 205 条），诱拐犯罪（第 238 条第 1 款）和应受处罚的侵害著作权犯罪（《著作权法》第 109 条）。依《德国刑事诉讼法》第 374 条第 1 项，对于可以提起自诉之案件，仅限于下列 8 类轻罪（vergehen）类型：侵入住宅罪、侮辱罪、妨害书信秘密罪、伤害罪、恐吓罪、毁损罪及其他不正竞争法、专利法、著作权法、商标法等法律中规定的轻罪 。这些犯罪几乎均为告诉乃论之罪，且依第 376 条之规定，此等犯罪限于与公共利益有关时，检察官始得提起公诉，否则检察官对于得自诉之犯罪，不得主动追诉，只能由被害人自动以自诉程序追诉犯罪。共计 30 余种罪名。

2. 西班牙。根据《西班牙刑法典》① 的规定，对下列犯罪由被害人或者法定代理人或者由司法部提出控告：其中包括刑法分则部分第 5 集“与基因操作相关的犯罪”中第 162 条未征得妇女同意实施生殖活动的犯罪；第 8 集“侵犯性自由及贞操罪”中第 191 条第 1 项规定：性侵犯罪、迷奸罪、骗奸罪、性骚扰罪，由被害人或者法定代理人或者由司法部控告；第 10 集“侵犯隐私、公开隐私和侵入住宅罪”中第 1 章发现及泄露别人隐私所列各罪；第 11 集“侵犯名誉罪”中第 215 条规定被害人或者其法定代理人告发的，诬告陷害罪和侮辱罪才受理；第 12 集“触犯家庭关系罪”第 3 章违反家庭权利义务罪中第 3 节遗弃家庭、未成年人或者无行为能力人；第 13 集“侵犯财产和扰乱社会经济秩序罪”中第 9 章损害财务罪之过失损害罪；第 11 章与著作权、工业产权、市场与消费相关的犯罪中所列各罪、第 13 章与社团相关的犯罪中所列各罪，犯罪行为损害公共利益或者多数人利益时除外；过失侵犯他人及过失侵犯财产的部分犯罪。共计 20 余种罪名。

---

①参见《西班牙刑法典》，潘灯译，中国政法大学出版社 2004 年版，下同。

3. 瑞士。根据《瑞士联邦刑法典》① 的规定，下列犯罪属于告诉乃论犯罪：第 1 章针对身体和生命应受刑罚处罚的行为中轻伤害、过失伤害罪；第 2 章针对财产的应受刑罚处罚的行为中非法占有、侵占、盗窃亲属或家庭成员财物、盗用、非法使用财产价值、非法盗用能源、非法获取数据、非法进入数据处理系统、损害财物、毁损数据一般情形、背信或拿走质物和留置物、诈骗亲属或家庭成员、骗取酒食、骗取服务、恶意的财产损害、不忠实的经营造成家属或家庭成员遭受财产损失的、债权人不成功的经营等轻微的财产犯罪；第 3 章针对名誉和隐私的应受刑罚处罚的行为中诽谤、侵害文件秘密、偷听和录制他人谈话、未经许可录制他人谈话、以摄像机侵害他人的隐私、滥用电话、未经许可获取他人资料的犯罪；第 4 章针对自由的重罪和轻罪中威胁、非法侵入他人住宅；第 5 章针对性纯洁的应受刑罚处罚的行为中婚内强奸、性骚扰；第 6 章针对家庭的重罪和轻罪中违背抚养义务（第 217 条第 2 项规定由州指定的机构和部门也享有对本罪的告诉权，但应当在保证家庭利益的情况下，是可行使官方的告诉权。）夺走儿童犯罪。第 20 章违反联邦法律规定中违反保护承租人的规定。共计 30 余种罪名。

4. 芬兰。芬兰对亲告罪采取绝对公诉模式，即对下列犯罪，只要有受害方已经为提出指控而告发，公诉人便可以对犯罪提出指控：《芬兰刑法典》② 第 17 章侵害公共秩序的犯罪中第 5 条非法销售淫秽物品罪；第 24 章侵犯隐私、公共安宁和个人名义中第 12 条规定的侵犯家庭房产、侵犯公共房产、窃听、偷窥，或窃听、偷窥罪（预备），涉及非常重要的公共利益除外；侵犯个人名誉、诽谤罪：公诉人不得对侵犯个人名誉、诽谤或加重的诽谤行为提出指控，除非受害方已经为提出指控而告发。但是检察长可以命令提出指控，如果犯罪是利用

---

①参见《瑞士联邦刑法典》（2003 年修订），徐久生、庄敬华译，中国方正出版社 2004 年版，下同。

②参见《芬兰刑法典》，肖怡译，北京大学出版社 2005 年版，下同。

大众媒体实施的，而且涉及非常重要的公共利益而要求提出指控；第25章破坏个人自由中第9条规定的过失剥夺个人自由、威胁或者强迫罪，使用了致命工具进行威胁或强迫，涉及非常重大的公共利益除外；如果提出指控将违反儿童的利益，则公诉人不得对诱拐儿童罪提出指控，在指控被提起之前，公诉人应听取儿童居住地或所在地或其他明显有关儿童的最佳信息的市政当局的社会福利机构的意见；第28章盗窃、侵占或非法使用中第15条规定的轻微盗窃、轻微侵占与各种非法使用、捕猎的犯罪，涉及非常重大的公共利益除外；盗窃、侵占、为暂时使用而盗窃机动车辆的犯罪，如果犯罪是针对以下不动产的：(1) 犯罪人和受害方居住在同一家庭，且犯罪是针对上述共同家庭财产。(2) 犯罪是针对属于犯罪人的配偶、兄弟姐妹和直系后代或长辈的财产。(3) 犯罪人是死者的不动产共有人。第8章的侵犯家庭权利罪；第20章的性犯罪；第21章的侵害生命与健康罪中规定，公诉人不得对轻微的伤害提出指控，如果被害人已经年满15周岁，也不得对过失的身体伤害提出指控，除非受害方已经为提出指控而告发。如果伤害的被害人不要求提出指控，公诉人可以免予提出指控，除非涉及重大的个人和公共利益要求提出指控。共计20余种罪名。

5. 泰国、日本。截至目前，泰国属于亚洲国家亲告罪罪名最多的国家之一，《泰国刑法典》中①涉及亲告罪的罪名有：第9章关于风化的犯罪中一般情形的强奸、强制猥亵等部分罪名；第11章妨害自由和名誉的犯罪中第1节妨碍自由罪之非法剥夺他人自由罪、第2节泄露秘密罪、第3节妨害名誉罪；第12章侵犯财产的犯罪中第3节诈欺罪、第4节妨碍债权罪、第5节侵占罪、第7节毁损罪、第8节非法侵入罪等几十种具体罪名。《日本刑法典》第22章中强制猥亵罪、强奸罪、准强奸罪，第28章中的过失伤害罪，第33章中略取和诱拐罪，第34章中毁损名誉罪、侮辱罪，以及《日本改正刑法草案》第33章中侵害名誉罪、侵害死者名誉罪，第35章中开拆书信罪、泄

---

①参见《泰国刑法典》，吴光侠译，中国人民公安大学出版社2004年版，下同。

露秘密罪、泄露企业秘密罪，第36章中盗窃罪、加重盗窃罪、不法使用汽车罪、侵夺不动产罪（主体为直系血亲、配偶或者同居的亲属），第41章中损坏财物罪、众多损坏罪、损坏文书罪罪名，告诉的才能提起公诉。①

6. 我国台湾地区、澳门特别行政区。我国台湾地区“刑法”规定的亲告罪主要包括：第3章妨碍国交罪，涉及两个罪名，即侵害友邦元首或外国代表罪和侮辱外国国旗罪。第16章妨碍风化罪，涉及10个罪名，即强奸、准强奸罪、轮奸罪、强奸杀人罪、强制猥亵罪、乘机奸淫、猥亵罪、奸淫幼女罪、猥亵幼年男女罪、利用权势奸淫罪、诈术奸淫罪、血亲相奸罪。第17章妨碍婚姻及家庭罪，涉及3个罪名，即诈术结婚罪、通奸罪和掠诱罪。第23章伤害罪，涉及4个罪名，即普通伤害罪（限于第277条第1项），加暴行于直系血亲尊亲属罪，过失伤害罪，传染花柳病、麻风病罪。第26章妨害自由罪，涉及3个罪名，即掠诱妇女结婚罪、加重掠诱罪、侵入住居罪。第27章妨害名誉及信用罪，涉及4个罪名，即妨害书信秘密罪、泄露业务上知悉他人秘密罪、泄露业务上知悉工商秘密罪、泄露职务上工商秘密罪。第29章盗窃罪，涉及4个罪名，即普通盗窃罪、窃占罪、加重盗窃罪、常业盗窃罪。第31章侵占罪，涉及4个罪名，即普通侵占罪、公务、公益侵占罪、业务侵占罪、侵占遗失物罪。第35章毁弃毁坏罪，涉及4个罪名，即毁损文书罪、毁损器物罪、间接毁损罪、损害债权罪。共计36种罪名。②

从澳门刑法典中亲告罪所涉及的罪名的分布来看，单纯“告诉”的涉及31个罪名，即规定“非经告诉不得进行刑事程序”的犯罪。包括普通伤害、过失伤害、虐待、恐吓、胁迫、擅作手术治疗、性胁迫、对无能力抗拒之人之性侵犯、性欺诈、未经妇女同意之人工生育、性暴露、对儿童性侵犯、对受教育者及依赖者之性侵犯、与未成

①参见《日本刑法典》，张明楷译，法律出版社1998年版，下同。

②参见梁统：“‘亲告罪’的范围界定”，载《中国刑事法杂志》2004年第1期。

年人之性欲行为、侵犯行使公共当局权力之法人、侵犯住所、侵入限制公众进入之地方、侵入私人生活、侵犯函件或电讯、违反保密、不当利用秘密、不法之录制品及照片、盗用车辆、侵占不动产、损害债权、非蓄意破产、诱拐未成年人、违反抚养义务、侵犯享有国际保护之人、侮辱官方象征等犯罪。既有“告诉”又有“自诉”的涉及16个罪名，即规定“非经告诉不得进行刑事程序”的犯罪，也规定“非经自诉不得进行刑事程序”的犯罪。包括诽谤、侮辱、公开之诋毁、盗窃、信任之滥用、非法占有、损毁、更改标记、诈骗、保险及食物诈骗、资讯诈骗、签发空头支票、背信、滥用担保卡或信用卡、暴利、醉酒及吸毒等犯罪。这些罪名主要集中在第1编“侵犯人身罪”中各章和第2编“侵犯财产罪”中各章。在第5编“妨害本地区罪”中，单纯“告诉”的涉及两个罪名，其他罪章则无有关规定。

从上述几个国家和地区亲告罪罪名的设置和种类来看，亲告罪立法有以下几个特点：(1) 从侵害的法益来看，绝大多数国家亲告罪仅限于侵犯个人法益犯罪，不包括虽然侵犯了个人利益但同时还涉及公共利益或多数人利益的犯罪，并且，80%以上的罪名集中在侵犯人身权与财产权范围内。(2) 从法定刑幅度看，大多是5年以下有期徒刑，其中许多是2年以下或1年以下监禁刑、罚金刑、保安处分，但是，少数也有8年以下乃至10年以下，如澳门刑法。大陆法系国家的亲告罪基本限于较轻的犯罪。(3) 从立法的范围看，多数国家罪名涉及社会生活方方面面，部分国家亲告罪立法颇具国际性和前瞻性，例如西班牙刑法典中的未征得妇女同意实施生殖活动犯罪；瑞士刑法典中的非法盗用能源、非法获取数据、非法进入数据处理系统、以摄像机侵害他人的隐私等犯罪；澳门刑法典中的诱拐未成年人、醉酒及吸毒、侵犯享有国际保护之人和侮辱官方象征等犯罪。

5.1.3 部分国家与地区有关告诉权的立法：告诉权与告诉权人

主流刑法学理论认为，亲告罪中告诉权的行使属于程序法范畴，因此绝大多数国家刑法典中仅赋予被害人以告诉权，对于被害人告诉权如何行使的规则只能在刑事诉讼法中寻找，例如我国刑法典即是如此，对亲告罪中被害人告诉权几乎没有任何规定，有关亲告罪诉讼机制的立法散见于《刑事诉讼法》第170条、第88条等多个条文，被害人行使告诉权极为不便。然而实体法和程序法有着天然的联系，受被害人权利保护的思潮影响，在现代英美法系国家，刑事一体化倾向日趋明显，如加拿大刑事法典。少数大陆法系国家在刑法典中设立专章对告诉权的定义、告诉时效、告诉权人、诉权的处分及其法律后果的规定，也就具有重要的研究借鉴价值。

1. 告诉权。(1) 对告诉权行使的规定。《德国刑法典》① 第77—77条c规定：犯罪须告诉乃论的，被害人提出正式的告诉；犯罪须告诉乃论的，告诉权人在3个月的告诉期届满前未提起告诉的，不得追诉；彼此关联的相互间的犯罪行为须告诉乃论的，如一方告诉权人对他方提起告诉，他方在第一审法庭辩论终结前未提起告诉，则丧失告诉权。他方在第一审法庭辩论终结前，即使告诉期限已经过的，仍可提起告诉。也有国家对特别告诉权的行使作出规定，例如在《奥地利刑法典》② 第117条对于侵犯他人名誉告诉权的行使作出特别规定，煽动被害人的侮辱行为中具有滥用暴力或威胁滥用暴力，或以侵害他人尊严的辱骂或讥笑情节的，经被害人授权由公诉人进行追诉。被害人有权随时提出告诉。公诉人对此等应受刑罚处罚的行为不予追诉或中止追诉的，被害人有权自己提出告诉。提起告诉的期限自公诉人将不予追诉或中止追诉的情形通知被害人起开始计算。又如《挪威一般公民刑法典》第81条规定，实施过重罪教唆行为的人不得被授予公诉申请权。公诉申请权的授予，不应将所有帮助者排除在起诉以外；在没有明确排除的情况下，涉及政府官员身份的起诉可以扩大至帮助者。(2) 对撤回起诉的限制。《挪威一般公民刑法典》第82条规定，起诉申请在起诉后不得撤销。当行为人对近亲属实施犯罪，以及实施第409条至第412条规定的犯罪，起诉申请在后期可以撤销。

---

①参见《德国刑法典》，徐久生、庄敬华译，中国法制出版社2000年版，下同。

②参见《奥地利联邦共和国刑法典》，徐久生译，中国方正出版社2004年版，下同。

起诉申请被撤销后，不得重新提出。《瑞士联邦刑法典》第31条对于撤诉作出详细规定：在一审法院作出裁判之前，告诉人均可撤回起诉；告诉权人撤回起诉的，不得再行起诉；告诉权人撤回对一个被告的起诉的，视为对所有被告的起诉均被撤回；一被告对告诉权人撤回起诉提出异议的，告诉权人的撤诉对该被告无效。第28条第5项规定告诉权人明确表示放弃告诉的，不得反悔。《德国刑法典》第77条d规定，刑事诉讼程序终结前均可撤回告诉。告诉经撤回后，不得再次提起；被害人或被害人死亡后有告诉权的人，在提起告诉后死亡的，被害人的配偶、子女、父母、兄弟姐妹及孙子女，可按顺序撤回告诉。同顺序的数个亲属只能共同行使告诉权，曾参与犯罪的人不得撤回告诉。(3) 规定告诉的效力。对人的效力：如《瑞士联邦刑法典》第30条关于可裁判性中规定，告诉权人对参与犯罪的行为人之一为告诉的，得对所有参与人进行告诉。对域外的效力：《法国刑法典》第113条规定对其领域外发生的被害人为法国人的监禁刑以上犯罪，如果受害人或其权利继受人告诉，或行为实施地的国家机关提出控告，应予追究。换言之，即法国检察机关对所有在国外实行的轻罪提起追诉，都要求由当事人告诉或者控告。(4) 关于告诉的其他相关规定。在德国，赋予被害人告诉对象及性质的选择权，刑事告诉原则上及于所有相关人员和全部实现的犯罪构成要件中。但告诉是可以分割的，也就是说，告诉可局限于数个构成要件中的具体的构成要件。同样，提出私诉或附带诉讼即足以。如《德国刑法典》第77条规定，数人有告诉权的，可各自独立提起告诉。第77条b规定，数人有告诉权或数人参加犯罪的，各人告诉权的行使或对各人行使告诉权，其期间分别计算。

此外，《澳门刑法典》在总则中，即第105条至第108条分别规定了告诉权人、告诉效力之延伸、告诉权之消灭、告诉权之放弃及告诉之撤回等内容，不一一列举。

2. 告诉权人。告诉权人，即有权提起告诉的被害人的主体资格，但被害人范围如何需要进一步明确。就多数国家和地区的立法来看，对告诉权主体的规定比较广泛，如在澳门刑法典中，如被害人死亡，而在死亡前未提出告诉或自诉，也没有放弃亲告权，则亲告权转移至配偶、直系血亲卑亲属、被收养人及与被害人在类似配偶状况下共同生活之人，如这些人不存在，则移至直系血亲尊亲属及收养人，如这些人也不存在，则移至兄弟姐妹及其卑亲属。如被害人属于无责任能力之人，则亲告权属其法定代理人，如果代理人不存在，则以上面所述之亲属范围及顺序来确定亲告权人。对于各个国家和地区对亲告罪告诉权主体的规定[①]具体又可以分为以下两类：

（1）一般告诉权主体。主要包括被害人及法定代理人、配偶、亲属。《瑞士联邦刑法典》对告诉权人没有任何限制，告诉权主体比较宽泛，如第2章可罚性第28条第1项规定行为告诉乃论的，任何被害人均有权对行为人进行告诉。对被害人为未成年人或精神病人的情形，《挪威一般公民刑法典》在第78条明确规定：被害人未满18周岁，起诉的申请由担负父母责任的人提出。没有人担负父母责任的，起诉的申请由监护人提出。被害人已满16周岁，有关恐吓罪和侮辱罪的起诉申请应征得其同意。被害人已满16周岁，自己也可以申请起诉。如果被害人患有精神疾病，其监护人、配偶、父母及具有法定能力的成年子女可以代替其行使起诉申请权。如果没有父母及具有法定能力的成年子女，其祖父母也可以代替其行使起诉申请权。又如《瑞士联邦刑法典》[②] 第28条第2项规定，被害人无行为能力的，其法定代理人有权进行告诉。被害人未成年的，其监护人有权进行告诉；第3项规定被害人年满18岁且有判断能力的，也有告诉权。还有国家对被害人死亡后告诉权主体加以明确，例如《泰国刑法典》第333条规定：妨碍名誉罪的被害人在告诉前死亡的，其父母、配偶或者子女可以告诉，并被视为被害人。《瑞士联邦刑法典》第28条第4

①参见夏勇："中国内地刑法与澳门刑法中亲告罪之比较研究"，载《法学论坛》2001年第3期。

②参见《瑞士联邦刑法典》，徐久生、庄敬华译，中国方正出版社2004年版，下同。

项规定被害人死亡，但未告诉或未明确表示放弃告诉的，其任何一个亲属均有告诉权。如果被害人死亡，其配偶、长辈或者晚辈亲属、兄弟姊妹和继承人可以提出起诉申请。再如《奥地利刑法典》第 117 条告诉权规定，侵害他人名誉的应受刑罚处罚的行为是针对死者或失踪者的名誉的，其配偶、直系亲属和兄弟姐妹有权要求追诉。又如《芬兰刑法典》第 9 条（诽谤）第 3 款（行为人传播死者的虚假信息或虚假的有关暗示，以致造成对死者特别亲近的人的损害的）的犯罪中规定：可以由死者在世的配偶、兄弟姐妹、直系后代或直系长辈，以及与死者居住在同一家庭内的人或与死者特别亲近的人提出控告而告发。此外，《德国刑法典》第 77 条规定，被害人死亡的，告诉权依法转移给其配偶或子女。被害人既无配偶也无子女的，或其配偶和子女在告诉期届满前死亡的，告诉权转移给其父母。父母在告诉期届满前死亡的，告诉权转移给兄弟姐妹和孙子女。如某一亲属参与犯罪的，则在告诉权转移时不能享有此等权利。如对犯罪进行追诉违背被害人的意愿的，则不转移告诉权。告诉权人属于无行为能力或限制行为能力者，其法定代理人和监护人可提起告诉。限制行为能力的人年满 18 周岁后，可独立提起告诉。

（2）特殊告诉权主体。一些国家亲告罪主体不限于自然人，当被害人为公司、社团时也可提起告诉，如《挪威一般公民刑法典》第 79 条规定，如果被害人是公司、社团或者基金组织，公诉的申请可以由董事会提出。董事会可以授权一名董事、总经理或者其他人，代表该组织对已经实施的犯罪行为或者特殊类型的将要实施的犯罪行为提出公诉的申请。该条同时规定，代表国家利益提出起诉申请的权利由内阁行使。有关社会的重大事项，内阁可以向负有管理或者监督责任的其他公共团体或者政府官员进行前述授权。内阁可以发布有关本条规定的代表或者行使起诉申请权的具体规定，并在有争议的案件中决定该项权利的归属。如果被害方为郡或者自治市，由郡地方议会或者自治市地方议会提出公诉申请。郡地方议会或者自治市地方议会可以授权郡执行机构、郡地方议会主席或者郡行政长官以及自治市执行机构、自治市地方议会主席或者自治市行政长官或者行政副长官，及其常设委员会和政府管理部门首脑。前述授权限于对有关社会的重大事项负有管理或者监督责任的团体或者人员。如果没有人被授权申请公诉，或者根据该条规定本来应被授权提出公诉申请的人员实施了犯罪行为，则公诉申请由郡行政长官提出。又如《奥地利刑法典》第 117 条告诉权规定，侵害他人名誉的应受刑罚处罚的行为是针对国民议会、联邦议会、联邦大会或州议会，针对联邦军队、联邦军队的独立部门，或针对行政机关的，依职权进行追诉。追诉需要有受侮辱之人、受侮辱的代表机构或受侮辱的行政当局的授权；对侮辱联邦军队、联邦军队的独立部门的行为进行追诉的，需要有国防部长的授权。有关名誉的应受刑罚处罚的行为针对官员或针对国内的教会或宗教团体的牧师，在官员履行职务期间或在牧师在做弥撒期间实施的，公诉人对行为人的追诉，应当有被害人及其上级机关的授权，并在法律规定的被害人可以要求追诉的期限内进行追诉。有的国家规定由司法部代为告诉，如《西班牙刑法典》第 639 条规定，需要被害人告诉才处理的案件中，被害人为未成年人、无行为能力人或者残疾人的，司法部亦可以代为告诉。澳门刑法典还规定，在妨害国家及国际组织罪中，非经澳门地区行政长官“告诉”，不得进行刑事程序；如属侵犯名誉罪，尚需经被侵犯之地区或国家之政府或国际组织之代表“告诉”，否则不得进行刑事程序。

在某些情况下法律还给予公务员的上司或士兵的长官以告诉权。如《德国刑法典》第 77 条 a 规定，公务员、从事特别公务人员或联邦国防军士兵犯罪或针对他们犯罪，须经其长官告诉乃论的，行为人在犯罪时所属的长官有告诉权。公务员或从事特别公务人员无长官的，则其所服务的部门可提起告诉。公务员或从事特别公务的人员自己领导该部门的，由国家检察机关行使告诉权；联邦政府成员犯罪的，由联邦政府行使告诉权；政府成员犯罪的，由州政府行使告诉权。

3. 告诉时效。少数国家在刑法典中规定告诉时效，一般为自被害人知道犯罪和行为人之日起 3 个月至 6 个月。例如《瑞士联邦刑法典》第二章可罚性第 29 条规定告诉期限为 3 个月。期限始于告诉权人知晓行为人之日。《泰国刑法典》第 96 条规定：告诉才处理的犯罪，自被害人知道犯罪和行为人之日起 3 个月内没有告诉的，追诉权因时效而消灭。《挪威一般公民刑法典》第 80 条规定，被授权者在知悉犯罪行为及犯罪人 6 个月内必须提出公诉申请。无效宣告的申请期限为 3 年。

对告诉时效规定最为完备的是德国。德国提起告诉的可能性被限制于 3 个月以内。告诉期间自告诉权人知晓犯罪行为的结束和行为人是谁之日起计算。鉴于“行为人”的自然状况，被害人提出告诉必须有准确的依据，不致因诬告而使自己受到刑事追诉的危险。在数人有告诉权的情况下，告诉期间分别计算。由于涉及排除期限，如果告诉权人非因自己的责任而错过告诉期的，恢复原状是不可能的。在特定的前提条件下，判例允许在犯罪实施前提出告诉。当然，只有当犯罪行为已处于“进行中”，此等提前告诉始有可能；告诉还包括其后增加的参与人。在行为结束后，告诉权人可放弃告诉权，此等放弃行为具有约束力。

5.2 亲告罪的立法设计

从我国现行刑法规定来看，亲告罪立法散见于总则第 98 条以及分则第四章与第七章，极为简约和粗疏。整个刑法典中只有区区五条规定亲告罪的条文，且不说与刑法理论上亲告罪与非亲告罪的法定二元分类地位极不相称，单单同外国几十个亲告罪罪名相比，我国亲告罪的立法范围显然失之过窄，且与被害人主体地位日益提高的国际潮流相悖，更不符合人权保障的现代刑事法治精神。另一方面，这样一部具有浓厚的国家追诉主义色彩的刑法，对应着职权主义的纠问式诉讼模式。然而，在职权主义诉讼模式与当事人主义诉讼模式各采所长、日趋融合的趋势下，我国刑事诉讼法率先迈出改革的步伐：自诉案件范围的扩大、被告人认罪简易程序的推行、刑事和解在司法实践中的适用，等等。那么，与刑事程序法有着“动物的外形与血肉”联系的刑事实体法，不应该只是沿袭传统、故步自封。亲告罪理论对传统公诉罪为刑法体系主线的突破，以及亲告罪立法所体现的限制刑罚权适用和当事人权利保护精神，正好为我们弥补传统刑法对被害人权利保护的薄弱，建构刑事一体化的追诉犯罪机制提供了一个最佳视角。

5.2.1　亲告罪范围的划定

亲告罪作为犯罪类型的一种，其特点是对社会的危害较轻，把本属于国家的求刑权让渡给被害人具有更好的社会效果，故赋予当事人对这类案件的刑事处分权。然而“对社会的危害较轻”仍是一个模糊随意的标准，需要从各个角度客观全面地综合考察衡量，笔者试从侵害的法益种类、法定刑的长短、举证责任的难易几个方面提出划定亲告罪范围的立法建议。

（一）*以侵害法益种类划分：侵害私法益亲告罪和侵害公法益亲告罪*

亲告罪的追诉前提是侵害行为成立了犯罪。关于犯罪的本质的学说，刑法学界有权利侵犯说、义务违反说、社会危害性说、法益侵害说等学说，虽然每个学说对犯罪的本质概括各有千秋，但法益侵害说由于其理论涵括力得到学界多数学者的认同。法益概念体现了与犯罪间的直接联系，如意大利学者指出，法益除一部分是物质性的（如人的生命、拥有的财产等）以外，大部分表现为观念的形态（如人的名誉、贞操、机密等），即作为一种价值而存在。① 亲告罪侵害的对象，同样具有广泛性和抽象性。因此，站在法益侵害说的角度考察亲告罪的范围划分，将具有更大的普适性和科学性。

从各国立法来看，被规定为亲告罪的主要是侵犯公民人身权益和财产权益的犯罪，以及少数侵犯社会利益的轻微犯罪。当然，各国因国情不同亲告罪在适用保护法益的问题上又各具特色，例如德国刑事立法的特点是，可以提起告诉的犯罪几乎都是纯粹涉及个人自由权利

---

①参见［意］杜里奥·帕多瓦尼：《意大利刑法原理》，陈忠林译，法律出版社1998年版，第76页。

的犯罪，而将财产犯罪排除在告诉程序之外。日本刑法的特点是，对强奸罪等涉及个人隐私的严重犯罪也纳入亲告罪范围，等等。从犯罪被害人的角度看，将侵犯公民人身权益和财产权益的轻微犯罪归入亲告罪立法，则既符合刑法的谦抑精神与自由价值，也与刑罚制裁的最后手段性、补充性的特点一致，不仅能有效保护被害人的隐私权，使被害人实现个人合法利益的最大化，同时也利于犯罪人复归社会，促使社会关系的恢复平衡和社会秩序的和谐稳定。

有鉴于此，借鉴国外亲告罪立法，结合我国国情，我们认为，我国对侵害被害人私法益的亲告罪立法可以扩大划分为以下几类：(1) 侵犯个人人身权法益的亲告罪：故意伤害罪（轻伤），过失致人死亡罪（情节较轻），过失致人重伤，非法拘禁罪（致人重伤除外），妨害通信自由罪，诬告陷害罪（造成严重后果的除外），强迫职工劳动罪、非法侵入他人住宅罪，非法搜查罪，侵犯通信自由罪，私自开拆、隐匿、毁弃邮件、电报罪，暴力干涉婚姻自由罪（造成严重后果的除外），重婚罪，遗弃罪，虐待罪（造成严重后果的除外）。(2) 侵犯个人财产权法益的亲告罪：盗窃罪（亲属相盗）、轻微侵占罪、轻微盗窃罪、轻微抢夺罪、诈骗罪、轻微故意毁坏财物罪、轻微敲诈勒索罪。这里"轻微"是指犯罪情节轻微，可能判处法定刑为3年以下有期徒刑、拘役或者管制、罚金刑的情形。(3) 侵犯个人名誉权法益的亲告罪：侮辱罪、诽谤罪、诬告陷害罪。(4) 侵犯个人隐私权法益的亲告罪：强制猥亵罪，增设侵害他人秘密罪、偷窥罪。

在亲告罪范围扩大的前提下，作为对被害人刑事告诉权的限制，可以规定，上述犯罪告诉权人尚须于告诉时指明告诉对象及罪名。

实践中存在某些亲告罪在侵害被害人私法益的同时侵害了公共利益的情况，例如，交通肇事引发道路拥堵。因此，有的国家以涉及公共利益为由排除对这种特定情状下被害人告诉的适用，这样，才能防止因有些被害人为了获取补偿或者其他非正当利益而不向司法机关提出告诉，以致某些严重危害国家利益和公民权益的犯罪得不到追究的情况发生，从而使亲告罪制度的适用不会严重妨害到司法正义。然而，任何一项亲告罪都可以认为在侵害被害人私法益的同时也不同程度侵害了公共利益，至少在观念上是这样。因此，一些国家和地区突破了亲告罪仅限于侵犯个人法益的犯罪的传统观念，把一部分侵犯公共法益、国家法益（简称公法益）的犯罪也纳入亲告罪范围。对于侵害公法益的亲告罪立法，有的是考虑在某些侵犯公共利益的犯罪（如放火罪）中，因亦可能同时存在个人法益受侵害之情况。例如我国台湾地区“刑法”中的公共危险罪、伪造文书罪等，告诉权人仅须申告犯罪事实并表示希望追诉之意思即可。也有的是考虑对犯罪的追诉涉及公共利益与正义的维护，并非单纯个人被害而已，因此对于涉及广大公共利益之犯罪允许私人独立追诉。

我们认为，亲告罪立法一般保护法益应以保护个人法益为主，同时兼顾社会法益或国家法益的立法原则。在某些侵犯公共利益犯罪中，由于侵犯公共利益的犯罪难以判断直接被害人的范围，完全由个人直接提起告诉似有不妥，而公共法益又是诸个个人法益的相加之和，允许其中任何一个受害人提出告诉，无论对于公法益的维护还是对于私法益的保护，都是大有裨益的。所以实行“代行告诉人”制度，规定这种情况下也可以由检察机关提起告诉，系在于充实告诉之诉讼要件，避免告诉乃论之罪因未能提起告诉而无法追诉，导致国家刑罚权之漏洞。

据此借鉴国外立法，我国刑法对侵犯公法益的亲告罪立法可以有如下几种：(1) 侵害公共利益的亲告罪：交通肇事罪（情节恶劣的除外）、生产销售伪劣商品罪（严重危害社会秩序和国家利益的除外）、侵犯知识产权罪（严重危害社会秩序和国家利益的除外）、伪证罪、拒不执行判决、裁定罪。其中，侵犯知识产权案件中涉及七个罪名，[①] 包括：一是假冒注册商标罪（非法经营数额在 5 万元以上或者

① 根据《最高人民法院、最高人民检察院关于办理侵犯知识产权刑事案件具体应用法律若干问题的解释》的规定，对原法定刑在 3 年以下的非法经营数额作了调整，即降低了定罪的标准，知识产权犯罪行为的打击力度加大。

违法所得数额在3万元以上的；假冒两种以上注册商标，非法经营数额在3万元以上或者违法所得数额在2万元以上的；及其他情节严重的情形除外）；二是销售假冒注册商标的商品罪；三是非法制造、销售非法制造的注册商标标识罪；四是侵犯著作权罪（非法经营数额在5万元以上的；未经著作权人许可，复制品数量合计在1000张（份）以上等严重情节的情形除外）；五是假冒专利罪；六是侵犯商业秘密罪（给商业秘密的权利人造成损失数额在250万元以上的除外）；七是销售侵权复制品罪。(2) 侵犯国家利益的亲告罪：严重危害社会秩序和国家利益的侮辱罪、诽谤罪。例如澳门刑法中规定的侵犯享有国际保护之人和侮辱官方象征等犯罪。

（二）以法定刑轻重为标准划分：轻罪亲告罪与重罪亲告罪

一般认为，“轻罪”是指轻微犯罪，包括偶犯、初犯、过失犯等主观恶性不大的犯罪，以及未成年人犯罪案件和在校学生犯罪、可能被判处3年以下有期徒刑之刑罚的犯罪等。我国刑法并没有轻罪与重罪的规范区分，因而我们不可能从刑法规范中找到直接的答案。相反，国外的大多数国家的刑法明确采用了轻罪重罪的分类，如美国、德国、法国、瑞士、西班牙、意大利、奥地利、泰国、俄罗斯等。而且各国刑法通常都以一定的刑罚作为重罪轻罪的标准。如德国是以1年自由刑为标准，奥地利以3年自由刑为标准。[①] 可见，从世界范围来看，轻罪的最高刑是自由刑3年。从世界各国刑法对亲告罪规定的法定刑来看，大部分都是3年以下有期徒刑，其中不少还是1年以下有期徒刑、拘役或罚金。根据亲告罪仅限于较轻的犯罪这个国际通行原则，但有些国家和地区如日本对强奸罪规定为2年以上有期惩役，强制猥亵罪为6个月至7年以下惩役，台湾地区“刑法”中还有相当部分罪名（至少有16个，约占总数42个罪名的40%）是3年以上有期徒刑，甚至还有无期徒刑、死刑。这些犯罪中被告人与被害人之间一般有某种特殊关系。

---

①参见郑伟：《重罪轻罪研究》，中国政法大学出版社1998年版，第4页。

我国现行刑法设有的五个“告诉才处理”的犯罪的法定刑均在有期徒刑 5 年以下，例如，侮辱罪和诽谤罪规定于同一条文内，即第 246 条，法定刑为 3 年以下有期徒刑、拘役、管制或者剥夺政治权利，根据该条第 2 款，为“告诉才处理”的犯罪；不包括“严重危害社会秩序和国家利益”的情况；第 257 条第 1 款规定的暴力干涉婚姻自由罪法定刑为 2 年以下有期徒刑或者拘役，第 260 条第 1 款规定的虐待罪法定刑为 2 年以下有期徒刑、拘役或者管制，但暴力干涉婚姻自由罪致使被害人死亡和虐待罪致使被害人重伤、死亡应判处 2 年以上、7 年以下有期徒刑的则不适用告诉才处理。第 270 条规定的侵占罪法定刑有两档：一档是处 2 年以下有期徒刑、拘役或者罚金，一档是 2 年以上 5 年以下有期徒刑，并处罚金。当然，有学者认为侵占罪中当侵占财物数额巨大或者有其他严重情节时，很难推定被害人一定会容忍侵占行为而不告诉。既然被害人遭受重大损失又不能容忍侵占行为，就不能因为他不知告诉对象而未“告诉”便使行为人不构成犯罪或免受刑事追究。该条第 1 款规定“数额巨大或者有其他严重情节”的最高刑可达 5 年，对此种刑罚的犯罪不可公诉，似乎已超出了轻罪自诉的通行原则（刑法一般将 3 年以下有期徒刑作为较轻的刑事自诉犯罪法定刑标准）。再说，同样是规定“告诉才处理”的条文，第 257 条和第 260 条的“告诉”都以 2 年以下有期徒刑为限，超过 2 年有期徒刑的已不属于自诉范围，而侵占罪在法定刑达 5 年的情况下仍不能公诉，显然是不平衡的。①

因此，我们认为，我国应以被告人可能被判处 3 年以下有期徒刑、拘役、管制或单处罚金的自诉罪名为范围，在对于现行刑法规定属于刑事自诉的案件，一般法定刑或第一档法定刑在有期徒刑 3 年以下，属于轻微刑事犯罪，但综合考虑，并不是所有的自诉案件都适合告诉才处理，即不适合划人亲告罪范围，例如涉及未成年人保护的收

---

①参见夏勇：“中国内地刑法与澳门刑法中亲告罪之比较研究”，载《法学论坛》2001 年第 3 期。

买被拐卖妇女、儿童罪，雇佣童工从事危重劳动罪，被害人处于弱势地位的刑讯逼供罪，暴力取证罪，虐待被监管人罪，打击、报复会计、统计人员罪；涉及宗教、民族等政治因素的煽动民族仇恨、民族歧视罪，出版歧视、侮辱少数民族作品罪，非法剥夺公民宗教信仰自由罪，侵犯少数民族风俗、习惯罪，破坏选举罪，破坏军婚罪等等。

（三）以举证难易程度划分：自诉亲告罪与公诉亲告罪

如前面章节所述，亲告罪立法从诉讼形式上可分为自诉、一元制公诉、公诉加自诉二元制三种立法模式。一元制自诉的方式追究犯罪弊端在于，一方面从制度上看，自诉制度赋予被害人追诉犯罪的权利，被害人扮演类似于检察官控诉犯罪的角色，获得独立诉讼当事人的刑事诉讼地位。然而，在自诉案件之定罪率如此低的情况下，自诉制度可能成为被害人挟私报复的工具，担心有“以刑逼民”之虞，不符合平等保护被告人权利的宗旨；另一方面对于被害人而言，在自诉模式下虽然得到了诉讼当事人的地位，实际参与诉讼过程，但被害人既没有对争议的实体处分权，也无法完整收集被告人的犯罪证据，难以承担证明被告人有罪的举证责任，并不利于对处于弱势地位被害人权利的保障，自诉程序无法成为被害人伸张正义之畅通管道。此外，对于某些亲告罪，当国家法益和社会公共法益受到侵害时，可能会因无人告诉而放纵犯罪的情形。一元制公诉的方式追究犯罪也有它的不足，一方面，是一旦被害人告诉之后案件进入公诉程序被害人就会被淹没，再也听不到被害人的声音，被害人告诉成为单纯的立案线索或来源；另一方面，不加区分地将所有的亲告罪用同一程序处理，也不可能达到减轻司法负担、实现诉讼效益的目的。公诉加自诉二元制亲告罪追诉模式采二者之长避二者之短，则仰仗于制度设计的合理性。

我国属于一元制自诉的立法模式，即亲告罪属于自诉案件中的一种，目前，在司法实践中，一般情况下，亲告罪是按自诉案件的受理程序处理（如果被害人受到强制、威吓无法告诉时，由人民检察院提起告诉，则属于公诉程序）。但自诉过程中被害人的举证能力大小直接关系到能否有效追诉犯罪，对自诉案件必须遵循“谁主张谁举证”

的证据规则，被害人必须有充分的证据来支持自己的诉讼请求，否则被告人将依据“无罪推定”的规则被判决无罪。被害人及代理人不可能如同公诉机关那般拥有庞大的侦查力量，其自行收集证据必然会受到各方面的限制，显然不能与公诉机关同日而语，因此，被害人方仅仅依靠自身力量胜诉是非常困难的，在立案率不高、败诉风险又比较大的情况下，被害人甚至会怠于履行告诉权，寻求法律之外的救济途径。故在实践上，一元制自诉制度的成效却十分有限。针对这一情况，有学者提出，对于需要侦查的侵占案件，应以公诉案件处理。并指出将需要侦查的侵占案件作为公诉案件处理，是有效惩治犯罪、保护被害人财产权益的需要。① 笔者认为，虽然目前对数额巨大举证困难的侵占罪作为公诉案件处理于法无据，但我们应该突破现有亲告罪的一元制自诉的立法模式，在保留一元制自诉立法模式的前提下，增设自诉加公诉的二元制模式为补充，具体设计如下：

首先，将一些案情简单、举证难度不大的亲告罪规定为自诉亲告罪，保留现行一元自诉模式，赋予被害人刑事诉讼程序发动与否的决定权，被害人直接向法院提起自诉，这样既能限制刑罚权的发动，体现刑法的谦抑特性，又能切实保护被害人的利益，发挥亲告罪的立法价值。这同某些国家和地区区别自诉与告诉的做法有共通之处，例如澳门刑法典中的侵占财物罪只是“告诉”罪而非“自诉”罪。侮辱罪和诽谤罪均属既可以“告诉”也可以“自诉”之罪，适用“自诉”的情况比适用“告诉”的情况更轻。或者说，“告诉”是“自诉”的加重情况。② 这里的“告诉”即属于单纯的告发，“告诉”的对象是情节严重、举证困难的公诉亲告罪，而仅仅适用“自诉”程序的犯罪当然属于案情简单、危害较轻的那一类自诉亲告罪。

在我国，刑事诉讼中的自诉案件，是指对于法律规定的被害人在

---

①参见刘志伟：“侵占罪研究”，载《刑法论丛》，法律出版社 1999 年版，第 160 页。

②参见夏勇：“中国内地刑法与澳门刑法中亲告罪之比较研究”，载《法学论坛》2001 年第 3 期。

其合法权益遭到非法侵害后，被害人或者他的法定代理人、监护人、近亲属为追究被告人的刑事责任，直接向人民法院提起诉讼，并由人民法院直接受理的刑事案件。根据我国《刑事诉讼法》第170条第3款的规定，由人民法院直接受理的自诉案件的范围包括下列三大类案件：一是告诉才处理的案件。即指刑法分则具体犯罪条款中明确规定为“本罪告诉才处理”的刑事案件。这类案件在我国现行刑法中只有《刑法》第246条第1款规定的“侮辱、诽谤案”；第257条第1款规定的“暴力干涉婚姻自由案”；第260条第1款规定的“虐待案”；第270条规定的“侵占案”，这些刑事案件均由被害人向人民法院提出控告后，人民法院才能立案受理，通常被称为“亲告案件”。二是被害人有证据证明的轻微刑事案件，是指被害人有证据证明，犯罪行为给被害人造成的损害不是很大，依法可能判处3年以下有期徒刑、拘役、管制或者单处罚金刑的案件。三是被害人有证据证明对被告人侵犯自己人身、财产权利的行为应当依法追究刑事责任，而公安机关或者人民检察院不予追究被告人刑事责任的案件。即所谓的“公诉转自诉”案件。其中，按照六部委《关于刑事诉讼法实施中若干问题的规定》第4条的规定：“刑事诉讼法第一百七十条第二项规定由人民法院直接受理的‘被害人有证据证明的轻微刑事案件’共有八类：(一)故意伤害案（轻伤）；（二）重婚案；（三）遗弃案；（四）妨害通信自由案；（五）非法侵入他人住宅案；（六）生产、销售伪劣商品案件(严重危害社会秩序和国家利益的除外)；（七）侵犯知识产权案件(严重危害社会秩序和国家利益的除外)；（八）属于刑法分则第四章、第五章规定的，对被告人可以判处三年有期徒刑以下刑罚的其他轻微刑事案件。”上述犯罪自诉程序的适用，利于司法资源合理配置，提高诉讼效益，使大量事实清楚、情节简单的轻微刑事案件得到迅速的处理，防止司法资源的不合理浪费和不当的司法拖延，使国家机关集中人力、物力和财力审理那些重大、复杂的刑事案件，也使被害人的诉讼权利得到更加充分有效的保障。符合立法者对于轻微刑事案件由人民法院直接受理可以节省司法资源提高效率，体现公平与效率并重原则的立法本意。

这里引发的问题是，同样属于刑事自诉案件，亲告罪中告诉才处理与另外两类即被害人有证据证明的轻微刑事案件和“公诉转自诉”有何不同？这其实就是“告诉才处理”与刑事自诉案件中“不告不理”的区别所在。首先两者性质不同，“不告不理”作为一项诉讼原则，适用于民事案件、刑事案件、行政案件等一切诉讼案件，而“告诉才处理”仅属于刑事案件中对亲告罪的一项特殊规定，属于法律赋予被害人控告犯罪人发动追诉程序的特殊权利；其次，刑事自诉案件中“不告不理”是指审判机关的受理，适用于法院对起诉受理的条件要求，没有被害人控告，法院便不予受理；而亲告罪中的“告诉才处理”是指司法机关的受理，在理论上包括公安机关、人民检察院、人民法院三机关任何一机关接到被害人告诉后都必须处理，没有被害人告诉，司法机关便不能发动对犯罪人的追诉程序。最后，“告诉才处理”中的处理，虽然伴随着对被告人可能判处刑罚的法律后果，但根据我国刑事诉讼法的有关规定，目前在司法实践中亲告罪的整个诉讼过程，完全适用自诉程序，同上述两类刑事自诉案件无异。

对亲告罪适用自诉程序优点在于，可以充分体现当事人自治原则，其诉讼过程也是双方利益最大化的实现过程。按照《刑事诉讼法》第 172 条的规定：“人民法院对自诉案件，可以进行调解；自诉人在宣告判决前，可以同被告人自行和解或者撤回自诉。”第 173 条规定：“自诉案件的被告人在诉讼过程中，可以对自诉人提起反诉。反诉适用自诉的规定。”即人民法院对自诉案件可以进行调解，当事人也可以自行和解，自诉案件的被告人可以提起反诉。即在审理自诉案件中，可以调解处理，也可以由自诉人与被告人和解或者撤回自诉，以有利于化解矛盾纷争。对第一类案件，除侵占罪外，侮辱罪等其余四种适用自诉程序没有太大争议，对第二类、第三类刑事自诉案件，如前所述，从扩大亲告罪范围的前瞻性考虑，笔者在前面已将上述进入自诉程序的大部分轻微刑事案件纳入亲告罪范围，但是作为亲告罪后，这些犯罪是否仍然全部保持按照自诉程序处理，则值得进一步商榷。

其次，将一些案情复杂、情节严重的、不易举证的亲告罪规定为公诉亲告罪，由被害人的告诉启动刑事追诉程序。从理论上看，对于公诉亲告罪，一些复杂的亲告罪案件被害人仍可通过公诉的方式依靠追诉机关进行权利救济，对于被害人而言，启动公诉程序追诉犯罪，可以节制检察官滥用不起诉，使案件顺利进入审判程序，被告人能直接交付审判，及强化被害人在审判中参与诉讼进行的影响，较之自诉制度，更能维护被害人借由诉讼程序满足正义需求。从实践上看，对于刑事公诉案件与刑事自诉案件的划分，被害人的举证能力大小也是标准之一，基本上被害人有证据证明的轻微刑事案件被划入了刑事自诉案件范围内。因此，对亲告罪的追诉方式应区别对待，将案情复杂、被害人举证困难的亲告罪纳入公诉亲告罪是符合司法实际的。当然，这种立法模式虽然有利于被害人法律诉求的实现，避免被害人在刑事诉讼中处于一种不利地位，但从根本上讲，这种立法却有悖于亲告罪立法的要旨，即基于加害方与被害方两方面的利益平衡，赋予被害人刑罚发动与否的决定权。如果亲告罪适用公诉程序。公安机关立案后，为了侦查的方便，往往对被告人采取强制措施，使当事人失去和解的机会，并且，如果被害人追诉被告人的意愿发生改变，要求撤诉也无从实现。

因此，我们认为，解决方案有两个：一是严格控制公诉亲告罪范围。一方面将极少数案情复杂、情节严重的、被害人不易举证的亲告罪纳入公诉亲告罪，并规定对于公诉亲告案件采取公诉自诉并行制，如果被害人不愿意走公诉程序告诉也可选择自诉程序告诉；反之，如果被害人向人民法院提起自诉后，在举证不力或告诉受限时，被害人也可以再向公诉机关控告，启动刑事追诉程序。另一方面将部分案情简单、举证难度不大，且涉及被害人的隐私权、名誉权，追诉机关不便介入的亲告罪纳入自诉亲告罪，但属于自诉亲告罪则被害人绝对不能采用公诉程序告诉。二是对于处在中间状态的大多数亲告案件作为一般亲告罪，是由人民法院直接受理还是由公安机关立案侦查，由自诉人自由选择，自诉人如向检察机关或公安机关控告的，由公安机关侦查终结移送检察院审查提起公诉，按公诉案件处理。与此同时，所有亲告罪都适用《刑事诉讼法》第 83 条：“公安机关或者人民检察院发现犯罪事实或者犯罪嫌疑人，应当按照管辖范围，立案侦查。”及第 84 条：“任何单位和个人发现有犯罪事实或者犯罪嫌疑人，有权利也有义务向公安机关、人民检察院或者人民法院报案或者举报。被害人对侵犯其人身、财产权利的犯罪事实或者犯罪嫌疑人，有权向公安机关、人民检察院或者人民法院报案或者控告。”

5.2.2　有关亲告罪告诉权的完善

（一）关于告诉权主体

首先是犯罪被害人，是指受到犯罪侵害而为刑法保护之利益的享有人。如我国台湾地区学界及实务界认为犯罪被害人系指因犯罪直接受有损害之人，因犯罪而间接或附带被害之人，并非犯罪之直接被害人，不得提起告诉 。因此区分“直接被害”与“间接被害”，即成为判断告诉是否合法的重要问题，但这只是涉及个别特殊犯罪的争议，就一般的亲告罪主体界定而言，多数国家是参照民事主体理论直接在刑法典中加以规定。例如在盗窃犯罪情况下，享有告诉权者是财产所有人或财产保管人，在诈骗犯罪情况下，享有告诉权者是受损害人，而不仅仅是被欺骗人，在非法侵入他人住宅情况下，享有告诉权者是房屋所有人。如果被伤害的是法人，由该法人的代表机构提出告诉权；告诉权人属于限制行为能力者，由其法定代理人或监护人行使告诉权。

以犯罪被害人为核心认定告诉权主体，享有告诉权的主体应不限于犯罪被害人，还应延伸到被害人配偶及近亲属等。告诉人地位，是犯罪被害人开启刑事诉讼大门的钥匙，只有当被害人完成向侦查机关申告犯罪事实，并为要求追诉的意思表示后，才能参与诉讼程序之进行。因此，从加强对被害人权益保护，提高被害人的诉讼地位角度，有必要放宽告诉权主体范围的认定。当被侵害的法益为私法益，并且被害人为自然人时，被害人一般是指犯罪行为的直接受害人，因犯罪间接或附带被害之人没有权利就该犯罪提出告诉。在规定由侵害社会法益和国家法益亲告罪的地区，则存有争议，例如，在中国台湾学界有争议的是，“侵害国家法益”犯罪，是否仍有法益被直接侵害之个人。实务见解一贯认为违法征收罪、诬告罪等，有直接被害之个人；而枉法裁判罪、湮灭证据罪、伪证罪等，则认为并非个人直接受害之犯罪。实务见解就“直接被害人”侵害国家法益之犯罪认定标准的不同，学者认为笼统而恣意，纷乱杂沓，难以合理解释其认定标准之理由。[①]对这种情况，属于亲告罪范围过大引发的问题，对一般的损害多个个人法益的诉讼，类似于公益诉讼，可以规定由检察机关提起告诉。

其次应包括被害人配偶。被害人配偶以提出告诉时具有配偶身份者为限，因此被害人之配偶得以自己名义独立提出告诉，不受被害人意思之限制。但被害人已死亡而未能提出告诉者，不得与被害人生前明示的意思相反。一些国家和地区对被害人配偶的告诉权有特别规定，如在台湾地区，对于引诱有配偶之人脱离家庭者，其配偶享有专属告诉权，非被害人之配偶，不得告诉。属于犯人配偶的告诉权，限于犯我国台湾地区“刑法”第230条规定的血亲性交罪，第239条规定的犯通奸罪者的配偶有特别起诉权。此外，前东欧社会主义国家也有亲属相盗的情形规定为亲告罪和减免刑罚的规定。如前《罗马尼亚刑法》第210条规定夫妻之间、直系亲属之间或未成年人对其监护人实施盗窃者，告诉才处理；当事人双方调解和好者，免除刑事责任。

最后是告诉的代理。就国外及地区立法来看，如前所述，由于法律规定享有告诉权的主体比较广泛，因而告诉权在实际中的适用并无大碍，特别是对被害人死亡后亲告权移至他人以及被害人之法定代理人制度的做法值得我国刑法借鉴。司法实践中，告诉人或因欠缺专业知识，或受时间、地域、隐私维护等因素限制而不便亲自告诉，又或

---

①参见施一帆：“犯罪被害人之刑事诉讼地位与补偿法制”，台湾国立成功大学法律学系硕士班硕士论文。

者即便是已提起告诉，也有无法由本人亲自参与诉讼的情形，因而有必要规定告诉代理制度。由于亲告罪都集中于侵犯公民人身权和财产权等私权利的犯罪，因此一般情况下，亲告罪主体主要是自然人。针对实践中存在的如果被害人因受强制、威吓等原因无法告诉的情形，为避免犯罪人逍遥法外，我国《刑法》第98条规定："如果被害人因受强制、威吓无法告诉的，人民检察院和被害人的近亲属也可以告诉。"但是，这种代为告诉的范围显然还失之过窄，例如被害人因蒙骗或由于其他原因没有告诉的，或者被害人为未成年人，无行为能力人或者残疾人等等，如被害人死亡，而在死亡前未提出告诉的等情形，法律应该作出规定。因此，对上述情形可以规定告诉的代理制度，即被害人因特殊原因（包括死亡）不能行使告诉权的，该亲告权可以顺序转移至配偶、直系亲属以及共同生活之人以及兄弟姊妹及其卑亲属。如被害人属于无责任能力之人，则亲告权属其法定代理人，当然，其所在单位也可以告诉。

（二）关于告诉权与告诉时效

综合各国立法规定，结合我国法制现状，对于亲告罪告诉权可以设计如下：

(1) 告诉权的形式及效力。被害人向司法机关告发发生的犯罪事实并表示希望追诉，是将亲告罪作为犯罪予以追诉的前提条件。其中，对于以自诉程序提起的告诉，口头书面均可，不必拘泥于书面形式，但要求指出具体的犯罪人及控诉的罪名。对于公诉程序的告诉，则要求提出正式的书面告诉，表示经被害人授权由公诉人进行追诉，但可以不必指出具体的犯罪人及控诉的罪名。任何亲告案件，被害人都有权随时提出告诉。在侵害人为两人以上的案件中，基于告诉是可以分割的理论，被害人享有告诉对象及性质的选择权，被害人在明知有其他侵害人但仅对参与犯罪的行为人之一提出告诉，视为被害人对其他犯罪人放弃告诉，司法机关不能主动追加追诉其他犯罪人，但被害人以后只能以自诉的方式对其他犯罪人提出告诉。

(2) 告诉权的消灭、放弃及撤回。告诉期间内没有提出合法告诉或者撤回告诉请求，告诉权归于消灭，对同一案件依法不得再行告诉。对于公诉程序的亲告案件，告诉申请提出后又撤回的，不得再次要求提起公诉，但可以再行提出自诉，但侦查机关开始侦查后，刑事诉讼程序终结前声明撤回告诉的，不得再行提起。对于自诉程序的亲告案件，在一审法院作出裁判之前，告诉人均可撤回起诉；在告诉期限内撤回告诉以两次为限。告诉权人两次撤回起诉的，不得对同一人重新提起告诉，但可以对其他仍未被提起告诉之人提起。撤回告诉不可分割，告诉权人撤回对一个被告的起诉的，视为对所有被告的起诉均被撤回。

（3）被害人的特别权利。亲告罪中被害人作为自诉案件的被害人，除应享有现行法规定的自诉人应享有的所有诉讼权利外，基于亲告罪刑事案件民事处理和立足于被害人权利保护，还应赋予被害人陈述意见权、请求上诉权。被害人陈述意见权，主要是指被害人陈述其因侵害人犯罪行为及危害后果，包括被害人所遭受之身体或心理上伤害，或财产上的丧失或损害，便于法院作为量刑依据参考。由于亲告罪主要是侵犯私法益的犯罪，因此，对被害人物质与精神损害的大小是犯罪严重性的标准之一，而犯罪严重性又为决定刑罚时的考虑因素之一，因此以被害人对于所受伤害或损失陈述作为量刑之依据，为各国亲告罪立法所遵循。例如，美国 1982 年制定的《被害人及证人保护法》（*The Victim and Witness Protection Act of 1982*），明文要求于量刑程序中应将被害人就遭受损害所为之陈述，作为法院量刑之依据。依该法规定，检察官提交给法院之调查结果报告，必须包含一份从被害人观点描述犯罪及其结果之“被害人状态陈述”，以使犯罪之结果、被害人所遭受之社会、经济、生理、心理等各方面损害，能于判决中被注意。美国司法中要求法院将被害人之陈述作为量刑基础的规定，不仅大幅增强被害人对诉讼结果之影响力，就社会大众而言，对一些手段残忍，导致被害人或其家属精神损害极大的案件，科处被告较一般案件更重之刑罚，也是被期待之结果。又如，《西班牙刑法典》第 86 条对于需要被害人告诉才处理的案件，法官和法院在宣判缓刑之前去听取被害人或者代理人的意见。因此，我国刑事法制亦可赋予被害人或其家属于审判时的陈述意见权，作为提供法院判断犯罪行为的危险或损害之依据，作为科刑轻重之判断标准。此外，对于公诉程序的亲告罪，还应赋予被害人对法院判决不服的请求上诉权，并规定告诉人或被害人请求检察官上诉的，对于有正当理由的，检察官不得拒绝。

（4）告诉时效。我国刑法典中没有规定告诉时效，应予弥补该项立法空白。一般亲告罪可以规定告诉期限始于自被害人知道犯罪和行为人之日起 3 个月，对部分举证困难的亲告罪时效可以规定为 6 个月。其余适用刑法关于时效中断、时效延长的规定。

5.2.3　亲告罪中被害人补偿机制

从更好地保护被害人权益的目的出发，我国《刑法》第 36 条和第 37 条规定了犯罪人的赔偿制度。第 36 条规定，由于犯罪行为使被害人遭受经济损失的，对犯罪分子除依法给予刑罚处罚外，并应根据情况判处赔偿经济损失；承担民事赔偿责任的犯罪分子同时被判处罚金，其财产不足以全部支付的，或者被判处没收财产的（亲告罪为轻微犯罪一般不可能没收财产），应当先承担对被害人的民事赔偿责任，即民事赔偿优先原则。第 37 条规定，对于犯罪情节轻微不需要判处刑罚的，可以免予刑事处罚，但是可以根据案件的不同情况，予以训诫或是责令具结悔过、赔礼道歉、赔偿损失，或者由主管部门予以行政处罚或者行政处分，即非刑罚的处罚措施。英国学者边沁则认为，在立法上至少可以将对被害人补偿的种类分为六种：（1）金钱补偿。金钱补偿的适用范围较广，对许多犯罪都不失为一种有效的补偿手段。然而，并非所有的罪犯都有以金钱支付的能力，而且，并非对所有被害人以支付金钱为妥。对名誉受到侵犯的人，以金钱作为对被侮辱的补偿，则无异于一次新的侮辱。（2）实物返还。这种补偿方法或者是归还非法获取的财物，或者是给予类似于非法获取或毁坏的财物。（3）宣誓补偿。如果犯罪因作虚假陈述所致，采取依法宣誓澄清真相的补偿方法，颇为适当。（4）名誉补偿。通过补偿的方法，达到为他人维护或者重新树立曾遭受犯罪侵犯或者践踏的名誉。（5）惩罚补偿。给罪犯造成明显痛苦的各种措施，无不包含会使被害人产生报复后的满足感。（6）替代补偿，亦称第三人的补偿，某人并非罪犯，而在经济上为罪犯所造成的损害承担责任。① 边沁指出，在对被害人补偿时应当查明不同方面的情况，而适用不同的补偿类型。

在对被害人赔偿的具体操作中，我国刑事诉讼法第七章作出了有关刑事附带民事诉讼的原则性规定。即被害人由于被告人的犯罪行为而遭受物质损失的，在刑事诉讼过程中有权提起附带民事诉讼。提起刑事附带民事诉讼是现行诉讼机制下刑事案件被害人获得赔偿的主要方式，但是这种赔偿的范围是比较狭窄的。即请求范围只能是因犯罪行为而遭受物质损失，并不包括精神损害方面的赔偿。根据民事诉讼法的规定，解决赔偿问题应该适用调解。但有学者认为，这种调解并不同于刑事和解，理由是：第一，刑事附带民事诉讼中法官解决的唯一目的就是物质损失的赔偿问题，而刑事和解不仅要解决物质赔偿问题，还要解决精神赔偿问题，还要解决被害人的恢复性治疗和加害人的过错承担问题；第二，法官调解中赔偿问题与刑事责任问题截然分开，使赔偿解决成为一个单纯的民事问题，而刑事和解的经济赔偿与责任分担在多数情况下有着内在的联系，刑事和解的成功进行可以有条件地替代刑罚的执行；第三，法官并不是一个代表社会的中介调停机构。② 在司法实践中，刑事附带民事诉讼中法官的主要责任就是计算物质损失的大小，分析被告人的物质赔偿能力，在当事人的要价与还价之间进行平衡、劝说。但由于缺乏相关的规定，被告人即使赔偿再多、赔偿协议的履行再积极也不能指望必然得到从轻减轻刑罚的处罚结果，因此，被告人在法庭调解中表现并不积极，能够与被害人达成协议的也为数不多，被害人从经济上得到补偿的效果也就微乎其

①参见［英］吉米·边沁：《立法理论》，李贵方等译，中国人民公安大学出版社 2004 年版，第 331—334 页。

②参见马静华：“刑事和解的理论基础及其在我国的制度构想”，载北大法律信息网。

微。被害人及其家属仍然还是依靠国家对犯罪人施加刑罚得到精神抚慰。在刑事附带民事案件中，经常出现犯罪人家属因为对抗刑罚而不履行赔偿义务的情况，造成双方间的敌对态势。在一些青少年犯罪案件中，单纯的刑罚制裁甚至引发犯罪反弹。可见简单地对犯罪人一判了之，只是一种有害的正义，其在对犯罪人加以惩罚的同时，并没有恢复被害人和社区受到的损失，在对犯罪的矫正效果上也不佳。①

目前，我国亲告罪主要是侵害公民个人人身、财产权利等私法益的犯罪，部分亲告罪如侮辱、诽谤罪，所“造成的损害在很大程度上取决于被害人本身的感受”，德国刑法学家李斯特也指出，“猥亵性地触摸一个姑娘可能被后者看做是对自己的爱抚或截然相反被看做是对自己的最大的侮辱。这里，告诉人态度是刑罚之条件”。② 因此，法律赋予被害人在刑事案件中最大限度的处分权，在亲告诉讼中被害人对犯罪的感受和意见往往被裁判充分考虑，建构被害人补偿机制便成了完善亲告罪立法中重要的一环。从某种程度上说，亲告罪中被害人是最需要物质赔偿和精神抚慰的。但一般认为，“以钱赎刑”有违平等公正原则亦背离法治，因此，在我国亲告案件等刑事自诉案件诉讼中，由于没有赔偿换取减免刑罚的法律依据，被害人能否获得物质与精神损害赔偿，面临着和刑事附带民事诉讼中同样的困境，这更是设置公诉亲告罪必然要解决的问题。正如有学者认为的那样，“从博弈论角度分析，被害人的告诉行为是一个权衡利弊得失的反复博弈过程，因为犯罪人有一种规避刑罚的愿望，被害人可以依靠潜在的刑罚威吓，把自诉作为利益救济的手段。在亲告罪中求刑往往不是被害人追求的终极目的，告诉具有工具性价值，它是被害人实现自己利益的筹码”。③因此，在司法实践中被害人能否实际获得赔偿，在很大程

---

①参见傅达琳：“刑事和解——‘从有害的正义’到‘无害的正义’”，载《人民法院报》2005 年 11 月 14 日。

②参见［德］弗兰茨·冯·李斯特：《德国刑法教科书》，法律出版社 2000 年版，第 327 页。

③参见杨高峰、杜启新：“亲告罪立法比较”，载《郑州大学学报》（哲学社会科学版）2002 年第 1 期。

度上取决于该国对犯罪被害人的补救制度体系。因我国目前尚未建立对犯罪被害人的国家补偿制度，虽有法院生效的赔偿判决或赔偿命令，但由于很多犯罪人没有或者缺乏赔偿能力，所以许多被害人实际上得不到赔偿。在被害人不能获得赔偿的情况下，不仅有可能加重犯罪行为造成的直接被害后果，而且可能使犯罪人和被害人之间的矛盾进一步激化或发生其他恶性后果。

从国外立法来看，在亲告罪中将被害人补偿与刑事责任减免直接联系起来的立法例有《西班牙刑法典》，[①] 在《西班牙刑法典》中，被害人宽恕成了刑事责任消灭的原因，如《西班牙刑法典》第216条诬告陷害罪及侮辱罪的罪犯应当补偿所造成的伤害，罪犯还应承担法官或者法院在征求控辩双方的意见后指定的认为以合适时间和方式公布判决所需要的费用。第193条规定审判侵犯性自由案件时，除应同时宣布应承担的民事赔偿外，还要对家庭秩序和抚养关系作出规定。第191条第2项规定：被害人或者其法定代理人已宽恕，免除诉讼或者免除已经判处的刑罚。

因此，我们认为，从建立被害人补偿制度的长效机制来说，在亲告案件的诉讼中，引进刑事和解制度，该程序的运用必须考虑被害人与被告人双方的利益，如果说对被告人补偿的行为无激励措施，被告人就会缺乏补偿被害人的内在动因。如果说被告人的积极补偿可以换取法院的从轻、减轻处罚，被告人就会有悔改愿望积极与被害人和解并自愿补偿。这样既节省刑事司法资源、提高司法效率，合乎刑事追诉经济原则，又有利于被害人的补偿，减少刑事司法程序对被告人的不良影响，回复法秩序的和平。

5.3 亲告罪司法实践中的几个问题

5.3.1 《刑法》第98条的立法完善

我国《刑法》第98条规定："本法所称告诉才处理，是指被害人

---

①参见《西班牙刑法典》，潘灯译，中国政法大学出版社2004年版。

告诉才处理，如果被害人因受强制、威吓无法告诉的，人民检察院和被害人的近亲属也可以告诉。”根据该条规定，告诉才处理的案件在特定的条件下，可以由人民检察院提起告诉。

我国刑法总则关于告诉才处理的规定，与 1979 年《刑法》第 87 条完全相同，没有作出任何修改，但是，1979 年刑法中属于告诉才处理的亲告罪只有暴力干涉婚姻自由罪、虐待罪及侮辱罪、诽谤罪四种犯罪，修订后的刑法又增加了侵占罪，刑法之所以将上述犯罪作为告诉才处理，其立法意图在于：一是赋予被害人广泛的自主权，便于其根据诸种因素自由斟酌决定对自己权利的处分，可以最大限度地维护被害人的合法权益；二是给予恶性不大的侵害人与被害人以非司法裁决解决刑事争端的机会，使其悔过自新，弥补过错，可有效地达到刑罚方法所达不到的改造效果；三是避免诉讼和司法裁决可能导致具有亲情等特定关系的被害人与侵害人之间的人伦、人际关系进一步紧张，以维护社会和谐和生活秩序的稳定；四是实现司法资源的优化配置，由被害人行使诉权和进行起诉，一方面可以直接节约国家侦控机关在这些案件中的资源投入，另一方面间接增加对社会危害较大的案件的侦控资源供给，符合最大化效益原则。因此，世界大多数国家刑法都有亲告罪的类似规定，它使得刑事纷争的解决更加务实和理性化。我国《刑法》第 98 条的规定，重点明确了告诉主体的问题，但从条文表述来看，司法实践中尚有以下两个问题值得进一步探讨：

问题一：人民检察院和被害人的近亲属告诉是否仅局限于被害人因受强制、威吓无法告诉？

本文对此持否定观点。探究立法本意，告诉权是被害人自由意志选择的结果，即使有外来因素的干扰，也不足以违背被害人本意作出相反的选择。被害人告诉权行使的不能，有来自主观和客观上的原因，主观上可以说是“受强制、威吓”，但客观上的不能也普遍存在。例如，被害人虽然死亡，侵害人的侵害行为却客观存在，对此，根据刑事诉讼法的有关规定，如果被害人死亡或丧失行为能力的，被害人的法定代理人、近亲属可以代其提起诉讼，即可行使告诉权，这是其一；其二，由于原刑法规定的告诉才处理案件，当事人（主要是被害人和侵害人）之间往往具有某种特殊的关系，如亲情关系、邻里关系等，这些案件的侵害人与被害人明确，侵害的事实情节及因果关系比较清楚，被害人除了被限制人身自由，或者因受强制、威吓而不能或不敢告诉外，均可以直接提起告诉。由于修订后的刑法增加了侵占案为告诉才处理的案件，在有的情况下这些案件中的被害人和侵害人并不熟悉，关系也一般，被害人在受到侵害时如直接由其本人向法院提起告诉，法院往往因无明确、具体的被告人而无法受理，在这种情况下，被害人无法行使法律赋予的告诉权。而此时的被害人又因未受到强制、威吓，如由检察机关提起告诉也没有法律上的依据，这就使得《刑法》第98条的规定在司法实践中出现上述两难的境地，有违刑法设立亲告罪告诉才处理以最大限度地保护被害人权益的宗旨。因此，没有必要将被害人无法告诉的原因限定为受到强制和威吓，可将人民检察院和被害人的近亲属告诉的前提条件概括为：被害人因受强制、威吓或其他原因无法告诉。

问题二：人民检察院的告诉是否等同于公诉？

对人民检察院告诉是否就是由人民检察院提出公诉，理论界有不同的认识，有些学者持肯定的态度，认为人民检察院的告诉行为就是提起公诉，其结果是导致告诉才处理案件公诉化；[①] 有的学者持否定观点，[②] 认为人民检察院的告诉行为不是提起公诉，它不能改变告诉才处理案件的性质。理论认识上的分歧必然给司法实践带来困惑和混乱。

我们赞同第二种观点，肯定说将检察机关的告诉等同于提起公诉，违背了设立亲告罪的立法本意，使得通过和解来解决刑事纷争变成了实质上的国家干预和追诉模式，在司法实践的诉讼程序运作上也将引起混乱。

---

①参见卞建林：《刑事起诉制度理论与实践》，中国检察出版社1993年版，第262—273页。
②参见陈光中：《刑事诉讼法实施问题研究》，中国法制出版社2000年版，第19页。

其一，违背了建立告诉才处理制度的立法意图。被害人告诉权行使的公诉化，实质上是将被害人的自由告诉权过渡给国家权力机关，侵害了被害人的合法权益。根据法律规定，检察机关告诉的仅仅是在被害人因受到强制、威吓而无法自己告诉的情况下，之所以作如此规定，其立法本意仍在于保护被害人的利益，检察机关告诉只是作为被害人告诉的补充，是作为被害人无法告诉的一种例外。如果将检察机关告诉等同于提起公诉，在理论上实际是否定了亲告罪告诉才处理的规定，检察机关将可以根据自己的自由意志取代正处在与侵害人和解处理的被害人自由意志，随时可以进行国家追诉。在司法实践中，也将引起以下不容回避的问题：首先，被害人法定权利受到侵害。因为遭受犯罪行为侵害的人在不同性质的诉讼中有不同的诉讼地位，在自诉案件中是自诉人，而在公诉案件中则是被害人，二者所享有的诉讼权利有很大的区别。检察机关的告诉如果使案件公诉化，一方面由于自诉人将转变为公诉案件中的被害人，其依法享有的起诉、和解、接受调解、撤诉、上诉等一系列重要的诉讼权利也将随之丧失或被弱化；另一方面由于诉讼权利的丧失或弱化将直接影响到受害人对自己实体权利的自主性保护和处分，也就是说案件的公诉化可能使被害人双重受损。其次，侵害人利益受到损害，特定社会关系不稳定、不和谐。使得可以通过和解解决的刑事纷争中的侵害人受到刑事责任追究，侵害人在自诉案件中作为被告人进行和解、接受调解的诉讼权利被剥夺，更为重要的是由于和解、调解的不复存在导致其被定罪科刑的概率大大增加，侵害人被定罪科刑极有可能进一步恶化被害人与其之间特定的社会关系，对被害人来说也是一种伤害，局部特定社会关系稳定受到影响。最后，不符诉讼效益原则，浪费司法资源。亲告罪都是一些轻微的罪行，其对社会危害性不大且主要是侵害了被害人的利益。被害人告诉的公诉化，在很多种情形下，需投入一定的侦控资源，增加诉讼成本，既是浪费司法资源对刑事纷争的双方当事人一种伤害，其结果也将收到不好的社会效果，百害而无一利，显然不符合现代刑事诉讼所追求的效益原则。

其二，将导致司法实践中诉讼程序运作上的混乱。首先，根据法律的规定，检察机关告诉的前提条件是被害人受到强制、威吓而无法行使告诉权，因此必然涉及被害人受到强制、威吓如何认定的问题。在现实中，同样的强制、威吓事实和程度对一些被害人来说可能足以妨碍或阻止其行使告诉权之意志和行为，而对另一些被害人来讲则可能未严重影响其意志和行为。这就决定了被害人是否因强制、威吓而不能或不敢告诉必然因具有浓厚的主观成分而时常处于一种待变状态。因此，告诉才处理的案件公诉化后，有可能会产生以下问题：强制、威吓等客观因素一旦不复存在或被害人坚持表示强制、威吓已经消除，案件如何操作。从理论上分析，出现这种情况有两种处置办法：第一种办法是仍然按公诉程序运作；第二种办法是停止公诉程序再转化为自诉程序运作。如果采取前一种处置办法，则已不符合法律的规定。因为强制、威吓已经消失，检察机关告诉的前提条件已不复存在，仍然按公诉程序运作显然于法无据。如果采取后一种处置方法，既然国家已决定对侵害人行为实行追诉，却可由被害人主观感受上的因素而导致诉讼程序说变就变，显然与法律之严肃性形象似乎不相符合。再说，立法本意在于，检察机关告诉是被害人无法告诉的一种救济方法，并不必然导致亲告罪告诉才处理的消灭。其次，亲告罪公诉化后，检察机关该如何依法操作？侦查是公诉案件的必经程序，如果由检察机关自行侦查显然不符合《刑事诉讼法》第 18 条第 2 款关于人民检察院立案管辖范围的规定，如果检察机关不经侦查直接向人民法院提起公诉，则又违背了公诉案件运作的基本程序，而且由于缺乏必要的制衡，在某些情况下可能为检察机关或某些检察人员满足某种特定目的而非法干预告诉才处理案件提供了制度上的可能性。如果交由公安机关侦查，则可能引起两种后果，一方面由于这类案件大多较为简单实际上也无多大必要由公安机关侦查；另一方面对犯罪嫌疑人（侵害人）立案并采取刑事强制措施，将可能逼迫侵害人私下答应被害人趁机提出的不合理条件，使得刑事纷争通过和解方式的解决流于形式。总之，检察机关提起公诉代替被害人的告诉实质上是否定了亲告罪告诉才处理的诉讼模式。

既然检察机关的告诉不能视为提起公诉即并不导致案件公诉化的结果，那么亲告罪告诉才处理仍然应当视为是自诉性的。首先，《刑法》第98条明确规定人民检察院在被害人受到强制、威吓时可以告诉，而不提起公诉，并且将检察机关告诉与被害人近亲属的告诉并列表述，表明检察机关在这里的告诉与被害人近亲属的告诉并无本质的区别，都是对被害人告诉权行使的一种补充和救济，检察机关的告诉与被害人近亲属的告诉一样并不能改变亲告罪本质上的告诉才处理的性质。其次，我国《刑事诉讼法》第170条明确规定自诉案件有三类，第一类便是告诉才处理的案件。同时《刑事诉讼法》第15条第4项规定，告诉才处理的案件没有告诉或者撤回告诉就不应当追究刑事责任。也就是说，从现行刑事诉讼法的有关规定来看并没有关于告诉才处理案件公诉化的任何制度依据。在这一点上，它与《刑事诉讼法》第170条所规定的第二类自诉案件即被害人有证据证明的轻微刑事案件不一样，第二类自诉案件可能由于被害人选择向公安机关控告而不是向人民法院起诉而使案件公诉化即自诉转为公诉。最后，检察机关告诉与公诉案件并没有必然的联系，检察机关告诉不能决定案件的性质，也就是说从检察机关参与告诉才处理案件不能必然得出告诉才处理案件公诉化的结论。

因此，立法上规定检察机关告诉的意图并非是将告诉才处理的案件公诉化，而是基于保护被害人利益的目的，赋予检察机关在被害人受到强制、威吓时帮助被害人行使告诉权的职责，保障告诉才处理制度能够切实有效地实施，其本质是保障被害人告诉权的行使。立法目的是亲告罪中，被害人因受强制、威胁等原因无法告诉时，赋予其近亲属或代理人代位行使的权利，其功能类似于诉讼中的代理人，与此同时也是人民法院受理的法定依据和职责，不能因被害人不亲自告诉而损害其合法权益。笔者认为，检察机关的告诉应是被害人告诉权因受强制、威吓等原因无法行使情况下的最后的救济手段。在此情况下，不仅可以由检察机关帮助告诉，还可以由公安机关帮助告诉，即应当建立起较为全面的国家帮助告诉制度，国家帮助告诉制度的建立，应符合如下条件：

一是国家帮助告诉的行使应具备两个前提条件：其一，被害人受到强制、威吓或其他原因无法告诉。来源于侵害人或其他人的强制、威吓必须是以阻止被害人行使告诉权为目的或者客观上妨碍了被害人行使告诉权，并且客观存在的强制、威吓或其他原因必须达到一定的程度，即足以阻止或严重防碍被害人行使告诉权。其二，被害人近亲属或法定代理人（可参照非刑事诉讼中的范围来确定）不告诉。国家帮助告诉是被害人告诉权的最后救济手段，充分保障了亲告罪中被害人告诉才处理在司法实践中的贯彻落实。二是帮助告诉应以被害人的意志为主导。立法上之所以设立告诉才处理制度，最重要的原因之一就是给予被害人在刑事纷争中根据自己的意愿自由处分自身权益的权利，最大限度地保护其自身权益。因此，国家帮助被害人告诉应当以尊重被害人意愿为原则。国家帮助告诉应当以被害人同意为条件。如果被害人明确表示拒绝帮助或者不再需要帮助，公安、检察机关不得强行帮助告诉。三是帮助告诉应以辅助性或者协助性为原则。告诉才处理的案件的自诉性质决定了它不可能像公诉案件那样，给予公安、检察等侦控机关广泛活动的空间。国家司法机关在告诉才处理案件中的职责，应当是排除妨碍被害人行使告诉权的强制、威吓等因素，为被害人行使告诉权扫除障碍，提供保障，同时依法裁决其与侵害人的刑事纷争。此外，在一般情况下，公安机关、人民检察院协助被害人告诉时，不宜包揽应当由自诉人承担的调查收集证据等属于证明责任范围的工作。否则既破坏了自诉案件中的控辩平衡关系，又助长了自诉人调查取证的消极性。实际上，自诉案件中的证明责任，一般情况下完全可以由自诉人及其代理人完成，况且自诉人及其代理人不能或者不便收集某些证据时，他们还有权请求人民法院调查收集。

通过以上分析，笔者认为，应当对《刑法》第 98 条作出修正如下："本法所称告诉才处理，是指被害人告诉才处理。如果被害人因受强制、威吓或其他原因无法告诉的，被害人的近亲属可以告诉；公安机关、人民检察院在有证据证明被害人因受强制、威吓或其他原因而无法告诉时，在征得被害人同意的情况下也可以帮助告诉。”

5.3.2　侵占罪的告诉才处理问题

我国《刑法》第 270 条规定了侵占罪，同时规定该罪告诉的才处理。侵占罪的犯罪构成及告诉才处理问题在理论界众说纷纭，司法实践中对该问题的处理也不一致，在这里，我们只对侵占罪告诉才处理问题作一深入探讨。对侵占罪，笼统规定为告诉才处理，立法上缺乏严密性和周全性；司法上，也不利于保护被害人和国家利益。

侵占罪与其他告诉才处理的亲告罪有着本质的区别。就其侵犯的客体而言，侮辱罪、诽谤罪、虐待罪和暴力干涉婚姻自由罪等，都是侵犯了公民个人的人身权或婚姻家庭关系；而侵占罪侵犯的只是公民的财产所有权；其他告诉才处理的犯罪之所以规定告诉才处理，是因为这些罪都是属于侵犯公民人身权利的行为，一般来说侵害人比较明确，而被害人也大都能够明确指出加害人是谁；而侵占罪作为侵犯财产的犯罪，由于非法占有行为一般都是在财产与被害人人身分离的情况下实现的，被害人不一定明确加害人是谁，如非法占有他人遗忘物或埋藏物的侵占罪中，很多被害人仅能指出遗忘或埋藏的地点，而无法知道非法占有人是谁。对所有权不明的埋藏物，法律规定为国家所有，但由何机关代表国家向侵占行为人主张所有人不明确的埋藏物的所有权？又将依何种程序进行诉讼？若由检察机关提出公诉，则有悖于现行法律；若不提起公诉，则会放纵犯罪。

就其他告诉才处理的犯罪而言，被害人一般都能掌握加害人的犯罪事实和证据，而对侵占财产行为人的查明、侵占事实的查明，侵占罪把一方恶意侵占财产的案件规定为自诉案件，使得被害人在查明事实方面无法得到司法机关的帮助。依刑事诉讼法的职能分工规定，人民法院仅仅能对开庭审理后证据存在的疑问有调查权，并没有刑事侦查权。如果自诉人的权益受到侵害，而又无法收集到案件的主要证据，则只有承担败诉的后果。这显然不利于保护受害人的合法权益。侵占罪由于自诉案件的性质，以及需要取得的证据广泛和当事人取证困难、成功率低而难以最终使侵占行为受到追诉并承担刑事责任，势必引发更为复杂、社会成本更高的局面，如在要求对方返还财物，留下真实姓名、单位、住所情况时发生暴力冲突和伤亡结果，或者谈判中双方分别以侵占罪和诬告罪、敲诈勒索罪与对方对抗。这都不是立法者愿意接受的司法后果。

其他告诉才处理的犯罪都有例外的规定，如侮辱罪、诽谤罪须告诉才处理，但严重危害社会秩序和国家利益的除外，暴力干涉婚姻自由罪、虐待罪一般情形下适用告诉才处理，但引起被害人死亡的除外。这说明，上述犯罪中，如果属情节严重或危害大的则不能实行告诉才处理，而唯独侵占罪没有告诉才处理的例外规定。无论侵占罪的情节如何严重，均只能以自诉形式处理。这不利于保护被侵害人的合法权益，侵占罪侵犯的是公私财产所有权，对于那些侵占他人财物数额特别巨大、情节特别严重、给他人造成严重后果的情形，如果不以国家公诉的模式去追诉，则会出现打击不力的情况，这是与立法者设立侵占罪的立法目的相悖的。

由此可见，侵占罪在立法与司法实践中存在的问题不容回避，有必要从立法中予以明确，排除司法适用中的困境。告诉才处理制度的目的是保护被害人、维护社会关系的稳定，《刑法》第 270 条侵占罪不区分行为人与被害人的关系一概规定告诉才处理，使得司法机关对那些与被害人无任何亲近关系，而被害人又出于各种原因不能有效追究犯罪行为人时，这本身不利于对犯罪进行有效惩治和防范。实际上，世界许多国家在将侵占罪作为告诉才处理时，都将被害人与行为人关系限定在一定的范围内。如《瑞士刑法典》第 140 条第 3 项规定：对于亲属或家属犯侵占罪者，须告诉乃论。《德国刑法典》第 247 条规定：盗窃或侵占家属、监护人、照料人的财物，或被害人与行为人同居一室的，告诉乃论。《韩国刑法典》第 361 条规定：直系血亲、配偶、同居亲属、户主、亲属之间，犯侵占罪的，免除处罚。前项以外的亲属之间，犯侵占罪的，告诉的才处理。此外，我国台湾地区“刑法”第 324 条规定：直系亲属、配偶、同财共居亲属或其他五亲等内血亲或三亲等内姻亲之间，犯本章之罪者，须告诉乃论。我们认为，我国在规定侵占罪告诉才处理时，也应借鉴上述国家和地区的做法，应将《刑法》第 270 条第 3 款“本条罪，告诉的才处理”改为“家庭成员和亲属间犯本条罪，且数额较大，拒不退还的，告诉的才处理”。因为这类犯罪的危害性相对比较小，如按照告诉才处理的规定，既符合告诉才处理的立法宗旨，同时又可以解决上述存在的问题。原来立法与司法中存在的问题也将迎刃而解。

5.3.3　亲属相盗的可罚性与亲告罪关系

如本文第三章所述，一定事由的存在被规定为不处罚的条件，即处罚阻却事由，如亲属间赃物犯罪中近亲的身份。对于亲属间盗窃的行为在不同的国家内有不同的规定：《日本刑法典》第 333 条规定，属于配偶之间或者直系血亲、同居的亲属或者这些人的配偶之间犯盗窃罪的情形的，被害人告诉的才能提起公诉，其中，直系亲属和配偶可以免除刑罚，可见，这里将行为人具有直系亲属和配偶身份作为处罚阻却事由。1810 年《法国刑法典》第 380 条规定：“盗窃配偶之物或已故配偶之物，盗父母或子孙之物，或同辈姻亲间互盗者，只发生民事赔偿义务，无刑事责任。”直到 1994 年法国新刑法典，仍于其第 311－12 条、第 313－3 条、第 314－8 条规定对直系尊卑亲属、配偶犯盗窃、诈骗、背信或侵占之罪者，“不得引起刑事追究”。英美法系国家也有类似规定，只不过亲属范围仅限于夫妻之间。如美国模范刑法典第 223－1 条即有规定，自配偶处窃取财物均不发生诉权（但分居后盗者可起诉）。而《德国刑法典》第 247 条、第 263 条规定“非经告诉不得追诉”，《澳门刑法典》第 203 条也将其规定为亲告罪。《韩国刑法典》第 344 条则将近亲属之间的盗窃规定为人的刑罚排除事由，而将一般亲属之间的盗窃规定为亲告罪。

综观各国对于亲属相盗的立法规定，一类属于对侵害人减轻或是免除刑罚的规定；另一类则是亲属相盗的情形规定为亲告罪不告不理，都反映出国家不主动干预公民家庭内财产纷争的理念。

与此相若，我国最高人民法院上述规定对“亲属相盗”以及“亲属相劫”的行为给出类似的处理意见，1998 年 3 月 10 日最高人民法院《关于审理盗窃案件具体运用法律若干问题的解释 》第 1 条第 4 项明确规定：偷拿自己家里的财物或者近亲属的财物，一般可不按犯罪处理；对确有必要追究刑事责任的，处罚时也应与在社会上作案的有所区别。《最高人民法院关于审理抢劫、抢夺刑事案件适用法律若干问题的意见》第 7 项“关于抢劫特定财物行为的定性”中规定：为个人使用，以暴力、胁迫等手段取得家庭成员或近亲属财产的，一般不以抢劫罪定罪处罚，构成其他犯罪的，依照刑法的相关规定处理；教唆或者伙同他人采取暴力、胁迫等手段劫取家庭成员或近亲属财产的，可以抢劫罪定罪处罚。

有人认为上述司法解释是受到中国古代封建宗法制度影响。因为从历史上看，《唐律疏议》、《大明律》对发生于亲属间的盗窃、抢劫行为，是以关系远近、亲疏作为定罪量刑的标准。进入现代社会，“清官难断家务事”、“法不外乎人情”以及“同居共财”、“亲属不分财”的家庭伦理观念仍有影响力，使得法律上不能把亲属间的财产侵犯与常人间的财产侵犯作为一样的罪行来对待，可以说，这一规定兼顾了刑法的伦理性，有一定合理之处。从法律对公民人身权、财产权保护的角度来讲，该司法解释包含了某种尊重社会自主选择，尊重人民的自决权、自治权的因素在里面，是一种尊重法治本土资源的理性选择，体现了刑法的宽容精神。但是，也有学者提出，按照我国刑法规定，近亲属并没有被排除在盗窃罪、抢劫罪的犯罪主体之外。该司法解释的瑕疵在于将符合刑法规定的犯罪构成要件之行为不以该犯罪论处，显然与罪刑法定原则相抵触。将近亲属实施的此类行为免罪，似乎有越俎代庖之嫌。同样，根据大陆法系刑法理论，亲属相盗犯罪的亲属身份，属于处罚阻却事由，即被认为属于影响犯罪成立的狭义上的可罚性阻却事由，即阻却犯罪成立，也就没有减轻免除处罚之说。

笔者认为，在立法仍将亲属间的盗窃规定为犯罪的情况下，又将亲属相盗犯罪的亲属身份当做可罚性阻却事由来免除刑罚，一是产生理论上的矛盾难以解决。二是这类案件中用可罚性阻却事由理论一概地阻却刑罚也不利于司法实践中对特殊情况的处理。而将亲属间的盗窃规定为亲告罪的合理性在于，在司法实践中，发生在亲属之间的盗窃、抢劫行为，一般犯罪情节比较轻微，社会危害性不大；同时，由于家庭财产关系错综复杂，所盗劫的财产在权属上还可能存在民事纠纷；再则，对这种亲属相犯的刑事纷争，为了维护彼此日后的关系，被害人并不真想将有亲属关系的肇事者诉至法庭或投入大牢，往往只是要求对行为人予以训诫或薄惩即可。因此，由被害人对侵害行为享有自主处分权，自己选择解决问题的办法、途径，决定是否进入刑事诉讼程序，应是最佳纷争解决方案。

因此，借鉴国外立法经验，将发生于亲属之间的盗窃、诈骗乃至抢劫案件，纳入亲告罪范围，换言之，刑事立法上将其规定为“告诉才处理”的行为，即将启动刑事诉讼的权利授予被害人行使，从而使国家的刑罚权力运行与当事人私人处分权并行不悖，既有利于被害加害双方取得和解和犯罪人自觉地弃恶从善，又有利于真正维护社会、家庭的秩序稳定。

5.3.4　关于亲告罪的首服（自首）问题

首服也称为认罪和自服，是指犯有亲告罪者向有告诉权之人，告知自己的犯罪事实并听候处分的行为①。我国历史上的首服制度起源于唐律中的首露。唐律《名例律》中规定：“诸盗，诈取人财物而于财主首露者，与经官司自首同。”后首服制度一直沿用至民国，如1926 年《中华民国刑法》规定：“对于未发觉之罪，自首于该管公务员受裁判者，得减所首罪三分之一。”“向被害人告诉人或者有请求权之人自首而受该管公务员裁判者，亦同。”从上述文献可知，在我国，首服即亲告罪中的自首。一些国家对亲告罪中的自首作出单独规定，《日本刑法典》第 42 条规定：“（一）犯罪人在搜查机关发觉前自首的，可以减轻刑罚；（二）就告诉才能提起公诉的犯罪，犯罪人向可

①参见马克昌：《刑罚通论》，武汉大学出版社 1999 年版，第 371－372 页。

以告诉的人告诉自己的犯罪事实，委托其处理的，与前项同。”《韩国刑法典》第52条也规定：“（一）犯罪后向搜查机关自首的，可以减轻或者免除处罚。（二）告诉才处理的犯罪向被害人自白者，准用前项的规定。……”此外，还有学者认为，德国、意大利等许多国家的刑法中虽未明确规定首服，但刑法中规定的对犯罪人在开庭前主动向被害人弥补损害的可以从宽处罚的情形，也事实上隐含了亲告罪的自首制度，[①] 我国刑法没有规定首服制度，仅在第67条规定，“犯罪以后自动投案，如实供述自己的罪行的，是自首”。因而首服目前还不是一种法律制度，亲告罪中首服只能比照刑法中的自首制度适用，但亲告罪的自首有其自身的特点，在法无明文规定的情况下，对首服的认定应明确以下两点：一是应明确何谓亲告罪中自动投案或投案对象。刑法规定的自首只能向司法机关或者有关单位、组织、负责人投案，但对亲告罪而言，首服的对象则一般是向被害人或有告诉权人自首，有学者认为，向被害人或告诉权人自首者，不生自首之效力。[②] 也有学者认为，就立法之精神观之，自以从宽解释为妥，即应当包括向被害人或有告诉权人自首。[③] 至于投案的对象是否也包括国家司法机关。也有学者认为，亲告罪案件中行为人只有向亲告权人投案，才能构成首服。至于行为人向国家有关机关投案的，因为此时国家机关并无求刑权，所以，国家机关不能成为首服成立的适格对象。我们认为，虽然犯罪人仅向司法机关或其他有关单位或组织告诉，并不能导致司法机关追究犯罪人的刑事责任，也就不存在自首导致的减轻刑罚的问题，但对于亲告罪来说，根据《刑法》第98条的规定，“本法所称告诉才处理，是指被害人告诉才处理。如果被害人因受强制、威吓无法告诉的，人民检察院和被害人的近亲属也可以告诉”。因此亲告罪中，犯罪人首服的对象是告诉权人，即包括被害人和被害人死亡或

---

①参见李立景：“亲告罪自首论”，载《辽宁公安司法管理干部学院学报》2003年第3期。

②参见韩忠谟：《刑法原理》，中国政法大学出版社2002年版，第301页。

③参见邓小刚：“略论首服”，载2005年刑法学年会论文集。

丧失行为能力时的被害人的法定代理人、近亲属，以及特定情形下的人民检察院和被害人的近亲属。二是应明确首服的条件及法律效力。一般的亲告案件，发生在犯罪人与被害人之间，不存在被害人或其他告诉权人不知道犯罪事实或犯罪人的问题，而亲告罪的举证责任在于被害人一方，因此，应明确首服的条件是在被害人向司法机关告诉之前，行为人向被害人或其他告诉权人真诚悔悟自己的罪行并将自己犯罪的证据提供给对方，并同意被害人或其他告诉权人将自己的罪行起诉到司法机关，并愿意接受司法机关的审理或裁判的行为。如果被害人谅解了行为人放弃了告诉，则首服产生豁免刑罚惩罚的效力。如果被害人向司法机关告诉，则首服者比照自首从轻减轻或免除处罚。如果犯罪人在实施了自诉之罪后，虽然告知了有告诉权的人，但逃避甚至阻拦其向司法机关告诉，则不能认为是首服。而且，行为人在告诉之后还必须接受司法机关的审理，否则同样不能认定是首服。

参考文献

一、中文著作类

1. 卞建林:《刑事起诉制度理论与实践》，中国检察出版社 1993 年版。
2. 陈兴良:《刑法的价值构造》，中国人民大学出版社 1998 年版。
3. 陈兴良:《走向哲学的刑法学》，法律出版社 1999 年版。
4. 陈兴良:《本体刑法学》，商务印书馆 2001 年版。
5. 陈兴良:《刑事法总论》，群众出版社 2000 年版。
6. 储槐植:《美国刑法》，北京大学出版社 1996 年版。
7. 陈光中:《刑事诉讼法实施问题研究》，中国法制出版社 2000 年版。
8. 陈忠林:《意大利刑法纲要》，中国人民大学出版社 1999 年版。
9. 邓正来:《市民社会理论的研究》，中国政法大学出版社 2002 年版。
10. 丁道源:《刑事政策学》，自版，2001 年版。
11. 冯军:《刑事责任论》，法律出版社 1996 年版。
12. 冯亚东:《理性主义与刑法模式》，中国政法大学出版社 1999 年版。
13. 高铭暄:《刑法学原理》(第 3 卷)，中国人民大学出版社 1994 年版。
14. 甘雨沛、何鹏:《外国刑法学》(上)，北京大学出版社 1984 年版。
15. 甘雨沛:《刑法学专论》，北京大学出版社 1989 年版。
16. 何鹏:《外国刑法简论》，吉林大学法律系 1982 年版。
17. 何勤华:《西方法律思想史》，复旦大学出版社 2005 年版。
18. 霍存福:《复仇之在后世——法律完备状态下的复仇问题》，吉林人民出版社 2005 年版。
19. 韩忠谟:《刑法原理》，中国政法大学出版社 2002 年版。
20. 栗劲、李放:《中华实用法学大词典》，吉林大学出版社 1989 年版。
21. 梁根林:《刑事法网：扩张与限缩》，法律出版社 2005 年版。
22. 李立景:《亲告罪要论》，中国人民公安大学出版社 2003 年版。

23. 李海东：《刑法原理入门》（犯罪论基础），法律出版社 1998 年版。

24. 刘敏：《当代中国的民事司法改革》，中国法制出版社 2001 年版。

25. 李在祥：《韩国刑法总论》，中国人民大学出版社 2005 年版。

26. 林山田：《刑法的革新》，台湾学林文化事业有限公司 2001 年版。

27. 林山田：《刑法通论（上册）》（增订八版），台北台大法学院图书 2002 年版。

28. 林山田：《刑罚学》，台湾商务印书社 1985 年版。

29. 马克昌：《犯罪通论》，武汉大学出版社 1999 年版。

30. 马克昌：《刑罚通论》，武汉大学出版社 1999 年版。

31. 马克昌：《近代西方刑法学说史略》，中国检察出版社 1996 年版。

32.《马克思恩格斯全集》（第 1 卷）。

33. 曲新久：《刑法的精神与范畴》，中国政法大学出版社 2000 年版。

34. 苏力：《法治及其本土资源》，中国政法大学出版社 2004 年版。

35. 孙林：《法律经济学》，中国政法大学出版社 1993 年版。

36. 台湾法务部保护司编：《犯罪被害人保护研究汇编》，1998 年版。

37. 王政勋：《正当行为论》，法律出版社 2000 年版。

38. 王晨：《刑事责任的一般理论》，武汉大学出版社 1998 年版。

39. 王子祥、刘方权："浅论轻伤案件的刑事和解"，引自北大法律信息网。

40. 谢望原：《刑罚的价值》，中国检察出版社 1999 年版。

41. 许永强：《刑事法治视野中的被害人》，中国检察出版社 2003 年版。

42. 徐显明：《公民权利义务通论》，群众出版社 1991 年版。

43. 杨春洗：《刑事政策论》，北京大学出版社 1995 年版。

44. 于志刚：《刑罚消灭制度研究》，法律出版社 2002 年版。

45. 杨仁寿：《法学方法论》，台湾三民书局 1989 年版。

46. 赵秉志：《外国刑法原理》，中国人民大学出版社 2000 年版。

47. 赵秉志、吴振兴：《刑法学通论》，高等教育出版社 1993 年版。

48. 赵秉志：《刑法总论问题探索》，法律出版社 2003 年版。

49. 张明楷：《刑法学》（上），法律出版社 1997 年版。

50. 张明楷：《刑法格言的展开》，法律出版社 1999 年版。

51. 张明楷：《刑法的基础观念》，中国检察出版社 1995 年版。

52. 张文显：《法哲学范畴研究》，中国政法大学出版社 2001 年版。

53. 张文显：《二十世纪西方法哲学思潮研究》，法律出版社 1996 年版。

54. 张文显：《法学基本范畴研究》，中国政法大学出版社 1993 年版。

55. 张中秋：《比较视野中的法律文化》，法律出版社 2003 年版。

56. 张中秋：《中西法律文化比较研究》，南京大学出版社 1999 年版。

57. 郑伟：《重罪轻罪研究》，中国政法大学出版社 1998 年版。

58.《中国大百科全书·法学卷》，中国大百科全书出版社 1984 年版。

59. 张甘妹：《犯罪学原论》，台湾三民书局 1991 年版。

60. 张宏生、谷春德：《西洋法律思想史》，台湾汉兴书局有限公司 1993 年版。

二、翻译著作类

1. [德] 弗兰茨·冯·李斯特：《德国刑法教科书》，法律出版社 2000 年版。

2. [德] 拉德布鲁赫：《法学导论》，米健、朱林译，中国大百科全书出版社 1997 年版。

3. [德] 汉斯·海因里希·耶赛克、托马斯·魏根特：《德国刑法教科书》，徐久生译，中国法制出版社 2001 年版。

4. [德] 汉斯·约阿希德·施奈德：《国际范围内的被害人》，中国人民公安大学出版社 1992 年版。

5. [法] 卡斯东·斯特法尼等：《法国刑法总论精义》，罗结珍译，中国政法大学出版社 1998 年版。

6. [法] 米海依尔·戴尔玛斯·马蒂：《刑事政策的主要体系》，卢建平译，法律出版社 2000 年版。

7. [法] R. 达维德：《当代主要法律体系》，上海译文出版社 1984 年版。

8. [法] 孟德斯鸠：《论法的精神》（上册），商务印书馆 1995 年版。

9. [荷兰] 格老秀斯：《战争与和平法》，北京大学出版社 1983 年版。

10. [美] 理查德·A. 波斯纳：《法律的经济分析》，蒋兆康译，中国大百科全书出版社 1997 年版。

11. [美] 唐·布莱克：《社会学视野中的司法》，郭星华译，法律出版社 2002 年版。

12. [美] 道格拉斯·N. 胡萨柯：《刑法哲学》，谢望原等译，中国人民公安大学出版社 2004 年版。

13. [美] E. 博登海默:《法理学——法哲学及其方法》,华夏出版社 1987 年版。

14. [日] 福田平、大塚仁:《日本刑法总论讲义》,李乔等译,辽宁人民出版社 1986 年版。

15. [日] 棚濑孝雄:《纠纷的解决与审判制度》,中国政法大学出版社 2004 年版。

16. [日] 野村捻:《刑法总论》,全其理等译,法律出版社 2001 年版。

17. [日] 大塚仁:《刑法概说》(总论),中国人民大学出版社 2003 年版。

18. [日] 美浓部达吉:《公法与私法》,中国政法大学出版社 2003 年版。

19. [日] 森下忠:《刑事政策大纲Ⅰ》,日本成文堂 1989 年版。

20. [日] 大谷实:《刑事政策学》,黎宏译,法律出版社 2000 年版。

21. [日] 森下忠:《犯事者处遇》,白绿铉等译,中国纺织出版社 1994 年版。

22. [日] 平野龙一:《现代法Ⅱ——现代法与刑罚》,岩波书店 1965 年版。

23. [日] 木村龟二:《刑法的基本问题》,有斐阁 1979 年版。

24. [斯洛文尼亚] 卜思天·M. 儒攀基奇:《刑法——刑罚理念批判》,中国政法大学出版社 2002 年版。

25. [英] 梅因:《古代法》,商务印书馆 1984 年版。

26. [英] 吉米·边沁:《立法理论》,李贵方等译,中国人民公安大学出版社 2004 年版。

27. [英] J. C. 史密斯、B. 霍根:《英国刑法》,法律出版社 2000 年版。

28. [英] 约翰·密尔:《论自由》,程崇华译,商务印书馆 1959 年版。

29. [英] 哈耶克:《法律、立法与自由》(第 2、3 卷),中国大百科全书出版社 2000 年版。

30. [英] 彼德斯坦·约翰香德:《西方社会的法律价值》,法律出版社 2004 年版。

31. [英] 洛克:《政府论》(下篇),商务印书馆 1964 年版。

32. [英] Tony Marshall:“恢复性司法概要”,刘方权译,转引自北大法律信息网。

33. [意] 杜里奥·帕多瓦尼:《意大利刑法原理》,陈忠林译,法律出版社 1998 年版。

34. [意] 贝卡利亚:《犯罪与刑罚》,黄风译,中国大百科全书出版社 1993

年版。

三、论文类

1. 陈兴良："刑罚的谦抑价值蕴含"，载《现代法学》1996 年第 3 期。

2. 蔡道通："类推制度的当代命运"，载陈兴良主编：《刑事法评论》（第 1 卷），中国政法大学出版社 1997 年版。

3. 储槐植、薛美琴："刑法谦抑——由一则建议稿引发的思考"，载《云南大学学报》（法学版）2005 年第 18 卷第 3 期。

4. 陈妮："中外告诉乃论比较研究"，载《政法论坛》2001 年第 1 期。

5. 陈伟："美国最高法院至高无上的权力是谁给的"，载《世界周刊》2001 年 1 月 21 日。

6. 储槐植："试论刑罚机制"，载《改革开放与刑法发展》，中国检察出版社 1993 年版。

7. 邓小刚："略论首服"，载 2005 年刑法学年会论文集。

8. [德] 汉斯·海因里希·耶赛克："世界性刑法改革运动概要"，载《法学译丛》1988 年第 3 期。

9. 傅达琳："刑事和解——'从有害的正义'到'无害的正义'"，载《人民法院报》2005 年 11 月 14 日。

10. 房保国："犯罪与侵权—— 从被害人视角对传统犯罪观念的反思"，引自北大法律信息网。

11. 韩德明："刑法谦抑性：新自由主义法学语境中的考察"，转引自中国大学生网。

12. 刘志伟："侵占罪研究"，载《刑法论丛》，法律出版社 1999 年版。

13. 刘方权、陈晓云： "西方刑事和解理论基础介评"，载《云南法学》2003 年第 1 期。

14. 刘凌梅："西方国家刑事和解理论与实践介评"，载《现代法学》2001 年 2 月。

15. 刘志成、熊明："未成年人犯罪案件和解不诉探讨"，载《中国刑事法杂志》2005 年第 1 期。

16. 刘东根："两极化——我国刑事政策的选择"，载《中国刑事法杂志》

2002 年第 6 期。

17. 李洁："三大法系犯罪构成论体系性特征比较研究"，载陈兴良主编《刑事法评论》，中国政法大学出版社 1998 年版。

18. 李立景："论告诉才处理的法律定位"，载《当代法学》2004 年第 3 期。

19. 李莉安、王东曙："江西九江实践非刑罚化刑事政策调查"，载《检察日报》2006 年 2 月 10 日。

20. 梁统："'亲告罪'的范围界定"，载《中国刑事法杂志》2004 年第 1 期。

21. 马静华："刑事和解的理论基础及其在我国的制度构想"，载《法律科学》2003 年第 4 期。

22. 马静华："刑事和解制度论纲"，载《政治与法律》2003 年第 4 期。

23. 齐文远："亲告罪的立法价值初探"，载《法学研究》1997 年第 1 期。

24. 曲新久："个人自由与社会秩序的对立统一以及刑法的优先选择"，载《法学研究》2000 年第 2 期。

25. 屈学武："刑法谦抑性原则的正确解读及其适用"，载《光明日报》2003 年 11 月 4 日理论版。

26. 宋波："刑法价值视野下的'亲告罪'制度研究"，引自北大法律信息网。

27. 司法部预防犯罪研究所：《关于改革和完善我国社区矫正制度的研究报告》。

28. 施一帆："犯罪被害人之刑事诉讼地位与补偿法制"，台湾国立成功大学法律学系硕士班硕士论文。

29. 薛晓源、刘国良："法治时代的危险、风险与和谐"，载《马克思主义与现实》2005 年第 3 期。

30. 向朝阳、马静华："刑事和解的价值构造及中国模式的构建"，载《中国法学》2003 年第 6 期。

31. 熊永明："亲告犯的谦抑价值之解读——兼论'亲告罪'范围的扩大"，载《中国刑事法杂志》2005 年第 1 期。

32. 夏勇："中国内地刑法与澳门刑法中亲告罪之比较研究"，载《法学论坛》2001 年第 3 期。

33. 杨高峰："亲告罪问题研究"，郑州大学硕士学位论文。

34. 郁卫平："亲告罪若干问题的研究"，华东政法学院法律硕士专业学位研究生论文。

35. 杨高峰、杜启新："亲告罪立法比较"，载《郑州大学学报》（哲学社会科学版）2002年第1期。

36. 赵秉志："刑事责任基本理论问题研讨"，载《中央政法管理干部学院学报》1995年第1期。

37. 张明楷："论刑法的谦抑性"，载《法商研究》1995年第4期。

38. 周光权："公众认同、诱导观念与确立忠诚——现代法治国家刑法基础观念的批判性重塑"，载《法学研究》1998年第3期。

39. 中央政法委员会："严打：走进经常性工作机制"，载《人民日报》2004年2月4日。

40. 周思嘉："论犯罪被害人参与刑事司法机制的建构"，台湾辅仁大学硕士论文。

四、外文类

1. Allison Morris /Gabrielle Maxwell , The practice of family group conference in New Zealand：Assessing the place potential and pitfalls of restorative justice.

2. European Committee on Crime Problem："Report on Decriminalisation", Strsbourg，1986.

3. Hayek，"Rules and Order，Law , Legislation and Liberty", Vol. 1，London，Routledge & Kegan Paul，1973.

4. Inkeri Anttila："The Benefits and Burden of Diversion，Crime and Criminal Policy", Franco Angeli 1985.

5. John R. Gehm："Victim-Offender Mediation Programs：An Exploration of Practice and Theoretical Frameworks ".

6. Marlene A. Young , Ph. D. , J. D. , "The Victims Movement：A Confluence of Forces", from 2001 National Organization Assistance.

五、法典类

1.《奥地利联邦共和国刑法典》，徐久生译，中国方正出版社 2004 年版。
2.《德国刑法典》，徐久生、庄敬华译，中国法制出版社 2000 年版。
3.《泰国刑法典》，吴光侠译，中国人民公安大学出版社 2004 年版。
4.《芬兰刑法典》，肖怡译，北京大学出版社 2005 年版。
5.《瑞士联邦刑法典》，徐久生、庄敬华译，中国方正出版社 2004 年版。
6.《日本刑法典》，张明楷译，法律出版社 1998 年版。
7.《西班牙刑法典》，潘灯译，中国政法大学出版社 2004 年版。

拈一朵微笑的花（后记）

拈一朵微笑的花，饱醮着真诚的露珠献给所有使本文得以顺利完成的人们。

揣一颗惶恐的心，为论文的浅陋与粗疏，有负于我的论文指导老师王作富教授与赵秉志教授深深的期许，有负于我的母亲高竟如女士与罗镛先生殷殷的厚望，有负于所有师长的教诲和学友的帮助。

但是，纵然三年弹指一挥间，置身于人大刑事法科学研究中心，也使我感受到刑法学术殿堂的恢弘与厚重，感受到各种刑法流派的研究如涓涓细流汇入当代刑事法治建设的滔滔江河，目睹了身边各种优秀的学术思想犹如那江河中一朵朵浪花，交织闪烁出智慧的光芒，给我心灵的激荡与学术的启迪。但愿我的努力，能在浩如烟海的研究资料中留下一点点痕迹。

饮水思源。作为一名在职攻读博士学位的研究生，我首先感谢，主管领导万春的开明与远见；徐建波、王松苗、李国明、沈海平主任等兄长般的爱护与指导；以及晏向华、刘金林、刘卉、曾献文等同仁的大力协助。作为一名刑法学研究的入门者，我必须感谢：我在人大法学院学习期间的高铭暄教授、黄京平教授、谢望原教授、韩玉胜教授、卢建平、邵沙平教授等，以及我在武大法学院学习期间的马克昌教授、李希慧教授、莫洪宪教授、刘明祥教授、林亚刚教授等。在人大刑法博士生班集体中，我特别感谢：薛淑兰师姐以及肖怡、吴玉梅、陈琴、彭凤莲、黄晓亮、孙春雨、张志勇、何帆、徐留成、陆尔启等博士同学的鼓励支持。还有，当初激励并无私帮助我考博的葛敏、朱本欣、郭理蓉、黄俊平、梁剑、曾粤兴博士。没有他们的支持，我想我无法结缘于这段刑法学研习之路。

读博期间，恰逢小女沛儿出世，是她童真嫩嫩的欢颜，使我在艰涩枯燥的写作过程中，始终保有一份拈花微笑的心情。

流光飞舞。我的博士学习生涯转瞬即逝，种种原因在学业上留下太多的遗憾，我只能这样告诫自己：一纸文凭并不意味着学习研究的终结，研习刑法的理论与实务，至少会成为一种“高雅的嗜好”，不再远离我的凡俗尘世的生活。

罗　欣

二〇〇六年四月十八日

谨记于北京石景山区鲁谷寓所